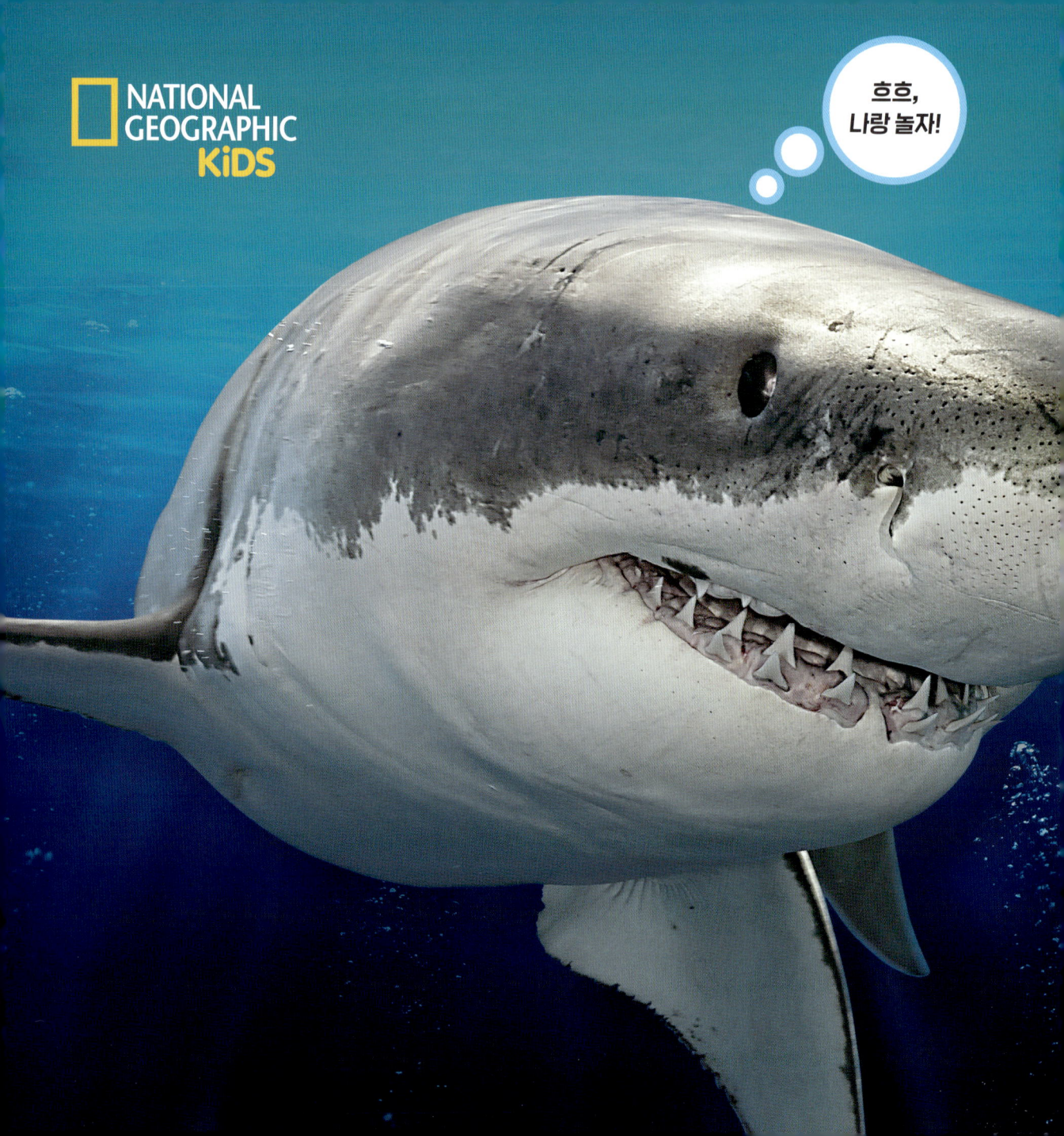

기발하고 괴상하고 웃긴 과학 사전!
상어

300가지
오싹오싹 상어와 관련된
지식 속으로 풍덩!

비룡소

16세기 선원들은 끈질기게 배를 쫓는 상어를 보고 바다의 개라고 했어.

반가워, 상어 친구!

상어의 알을 감싸고 있는 알상자는 주머니처럼 생겨서 인어의 지갑이라고 불리기도 해.

귀상어는 1.6킬로미터 떨어진 곳에서 나는 상처 입은 먹잇감의 소리를 들을 수 있어.

상어의 피부는 뾰족뾰족한 이빨 모양의 비늘들로 덮여 있어.

황소상어는 가끔 박치기를 해서 먹잇감을 사냥해. 퍽!

고래상어 등에 있는 **흰색 점무늬**는

백상아리의 **간**은
자기 **몸무게**의
4분의 1을
차지할 만큼 무겁지.

에데스투스는 머나먼 옛날에 살았던 고대 상어야. 가위 모양의 주둥이에 난 이빨로 먹잇감을 톱처럼 썰어 먹었다나?

포트잭슨상어의 **알상자**는 **소라 껍데기**처럼 생겼어. 어미는 알상자가 떠내려가지 않게 **입**으로 살살 물어서 바위틈에 쏙 끼워 두지.

알상자에 달린 **꼬불꼬불 털 뭉치** 같은 부분은 **해초에 엉겨 붙어서** 알상자를 더 꽉 붙들어 줘.

해초: 바다에서 자라는 식물.

견장상어는 지느러미로 바다 밑바닥을 기어다녀. 썰물로 물이 빠진 땅에서 산호초 사이를 걸어 다니기도 해!

썰물: 바닷물이 육지 쪽에서 바다 쪽으로 빠져나가는 일.

1970년대에 검목상어들이 **미국 해군 잠수함** 여러 척을 마구 물어뜯어서 음파 탐지기를 고장 내 버렸대.

음파 탐지기: 소리를 이용해 바닷속에 있는 물체의 위치를 알아내는 장비.

귀상어는 눈과 콧구멍이 넓적한 망치 모양 머리 양쪽 끝에 멀찍이 떨어져 있어.

줄무늬두톱상어는 파자마상어로도 불려. 몸의 줄무늬가 잠옷처럼 보여서 생긴 별명이야.

파자마: 영어에서 온 말로, 헐렁한 윗옷과 바지로 된 잠옷.

마귀상어는 피부가 분홍빛을 띠어.

상어는 눈을 깜박이지 않아.

세상에나, **뱀상어**의 **뱃속**에서 바다에 버려진 **자동차 번호판**과 **타이어**가 발견된 적이 있대!

검목상어의 영어 이름은 **쿠키커터샤크**야.
날카로운 이빨로 사냥감의
살점을 **동그란 쿠키 모양**으로 뜯어 먹거든.

깊은 바닷속에 사는 독사돔발상어는 **먹이를 낚아챌** 때 위턱이 앞으로 쭈우욱 튀어나와.

상어 500여 종 가운데 **민물**에서 살 수 있는 건 약 **25종밖에** 되지 않아.

민물: 강이나 호수처럼 소금기가 없는 물.

♀ 어떤 상어는 **암컷의 피부**가 **수컷**보다 **두 배나 두꺼워.**

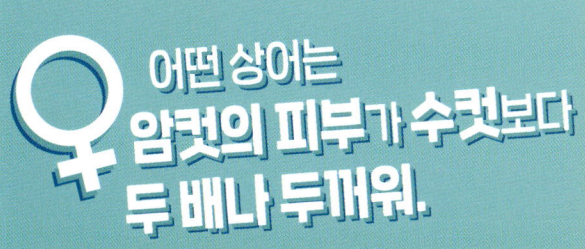

온몸에 푸른빛이 도는 **카이트핀상어**는 1.8미터까지 자라. **스스로 빛을 내는 척추동물** 중에서 몸집이 가장 크지.

척추동물: 등뼈가 있는 동물.

상어는 장 안쪽이 **소라 껍데기처럼 한쪽으로 빙빙** 비틀린 모양으로 되어 있어.

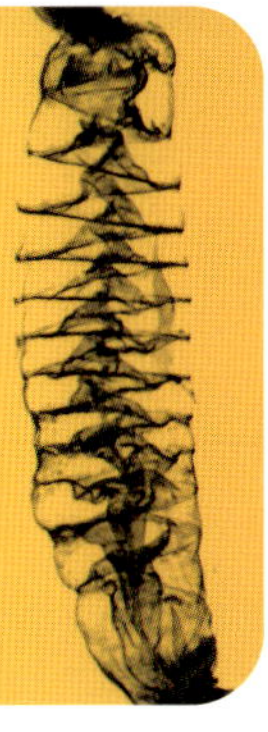

북쪽의 찬 바다에 사는 그린란드상어는 **얼음판 틈새로 떨어져 바다에 빠진 말이나 순록 같은 육지 동물을 잡아먹기도 해.**

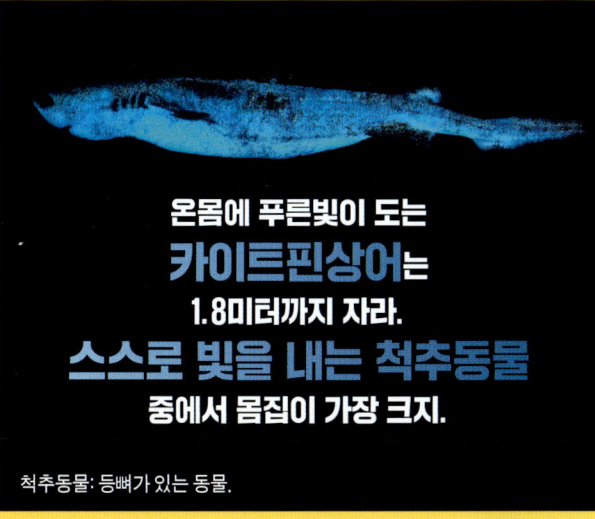

이크, 조심!

19

그린란드상어는 평소에 엄청 느릿느릿 헤엄쳐. 보통 한 시간에 3.2킬로미터도 못 가지. 사람이 걷는 속도보다 느린 거야!

느긋한 게 좋잖아?

산호상어는 서로 우정을 쌓기도 하고, 그 우정이 몇 년 동안 이어지기도 한대.

귀상어는 가오리를 **바다 밑바닥**에 놓고 **망치처럼 생긴 머리**로 꾸욱 눌러. 도망가지 못하게 해서 **잡아먹는 거야.**

톱상어는 톱 모양의 주둥이를 핵핵 휘둘러서 먹잇감을 사냥해.

그린란드상어는 눈에 눈알을 갉아 먹는 **기생충**이 붙어살아서 대부분 앞을 잘 못 봐.

기생충: 다른 동물 몸에 붙어서 영양분을 빨아 먹고 사는 작은 벌레.

엥, 내 혀가?

중세 시대에는 **상어 이빨 화석**을 보고 **용이나 뱀의 혀**가 딱딱하게 굳은 거라고 생각했대.

수염상어는
바다 밑바닥에 가만히
숨어 있다가 먹잇감이 지나가면
진공청소기처럼 **입**으로
먹잇감을 쑤욱 **빨아들여.**

입 주변에 **수염처럼 난** 피부 돌기를 해초처럼 늘어뜨려 물고기나 게, 새우 같은 **작은 먹잇감을 꾀어내.**

백기흉상어는 산호초 틈에 머리를 불쑥 들이밀어서 쿨쿨쿨 자고 있는 문어를 확 낚아채 잡아먹어.

2012년에 과학자들이 연구했던 한 황소상어 암컷은 몸길이가 **3미터**에, 몸무게는 약 450킬로그램으로 **그랜드 피아노**만큼 무거웠어. 그래서 별명이 **거대한 황소**였대.

상어 비늘 하나의 너비는 고작 **사람 머리카락 몇 가닥** 정도야.

레오파드상어는 개펄 속에 사는 개불을 **쭉 빨아서** 잡아먹어.

그래서 레오파드상어의 뱃속에 있는 개불은 몸에 **물린 상처**가 없어.

고래상어 암컷은 한 번에 새끼를 최대 **300마리나** 품을 수 있어.

고래상어는 어미 뱃속에서 알을 깨고 나온 뒤에 어느 정도 자라면 한 마리씩 어미 몸 밖으로 나온다.

고깔머리귀상어는 지구의 자기장을 느껴서 방향을 찾는단다.

30 지구 자기장: 지구가 내뿜는 자석 같은 힘. 이 힘 때문에 지구에서 나침반 바늘은 늘 북쪽을 가리킨다.

에트모프테루스 벤클리
Etmopterus Benchleyi

1974년에 출간된 소설 『죠스』의 작가 피터 벤츨리의 이름을 딴 상어 종류.

장난꾸러기 비악상어는 해초 사이에서 뒹굴고 떠다니는 물체를 툭툭 치면서 노는 걸 좋아해.

상어는 대부분 색깔을 구분하지 못해.

비악상어는 술래잡기하듯이 서로를 쫓으며 놀기도 한대.

어떤 상어는 이빨이 **2주마다** 한 줄씩 새로 자라.

과학자들은 **뱀상어**의 뱃속에서 육지에 사는 새의 흔적을 발견했어. **비바람**을 만나 바다에 떨어진 **철새**를 꿀꺽 잡아먹은 거였지.

흡! 모래뱀상어는 **해수면**에서 공기를 들이마셔 배에 가득 채우고, 먹잇감이 나타날 때까지 **숨을 참고** 가만히 떠 있기도 해.

해수면: 바닷물의 바깥쪽 면.

상어는 지구의 모든 바다를 헤엄쳐 다녀.

천적: 어떤 동물을 잡아먹는 다른 동물.

헉, 우리 인간이?

과학자들은 지금으로부터 **2억 7000만 년 전의** 상어 똥 화석에서 기생충 알을 발견했어.

이스라엘의 예술가 **스파인 비7**은 **2200통**의 **스프레이 페인트**로 **농구 코트 4개**를 합친 것보다 더 큰 상어를 벽에 그렸어.

상어는 사냥을 할 때 주둥이 주변에 주근깨처럼 난 '로렌치니' 기관으로 생물에서 나오는 아주 약한 전기를 느껴서 먹잇감을 찾아내.

백상아리는 먹잇감을 **덥석** 물고는 좌우로 마구 흔들어서 살점을 뜯어 먹어.

모래뱀상어 새끼는 어미의 뱃속에서 서로 잡아먹고 살아남은 한 마리만 태어나.

상어 혹은 상어 조상에 대한 가장 오래된 증거는 **4억 5000만 년 전** 비늘 화석이야.

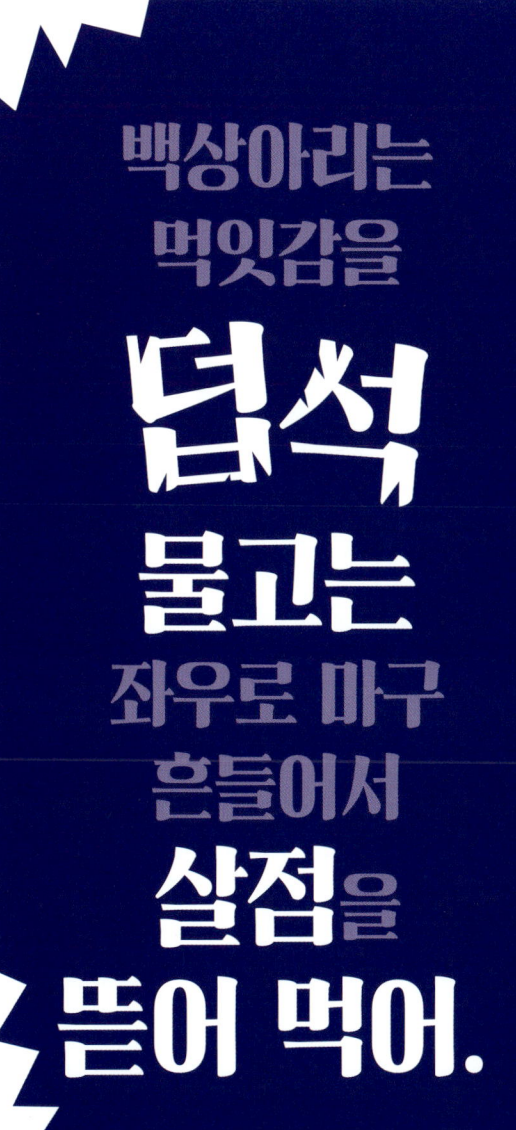

저기…
한입만!

빨판상어는
머리 위쪽에 있는
납작한 빨판으로
다른 상어의 몸에
착 달라붙어서 살아.

다른 상어가 **먹다 남긴 찌꺼기**를
냠냠 짭짭 주워 먹으면서 말이야.

갈라파고스상어는 바닷속으로 먹이를 찾으러 온 **바다이구아나**를 잡아먹기도 해. 크앙!

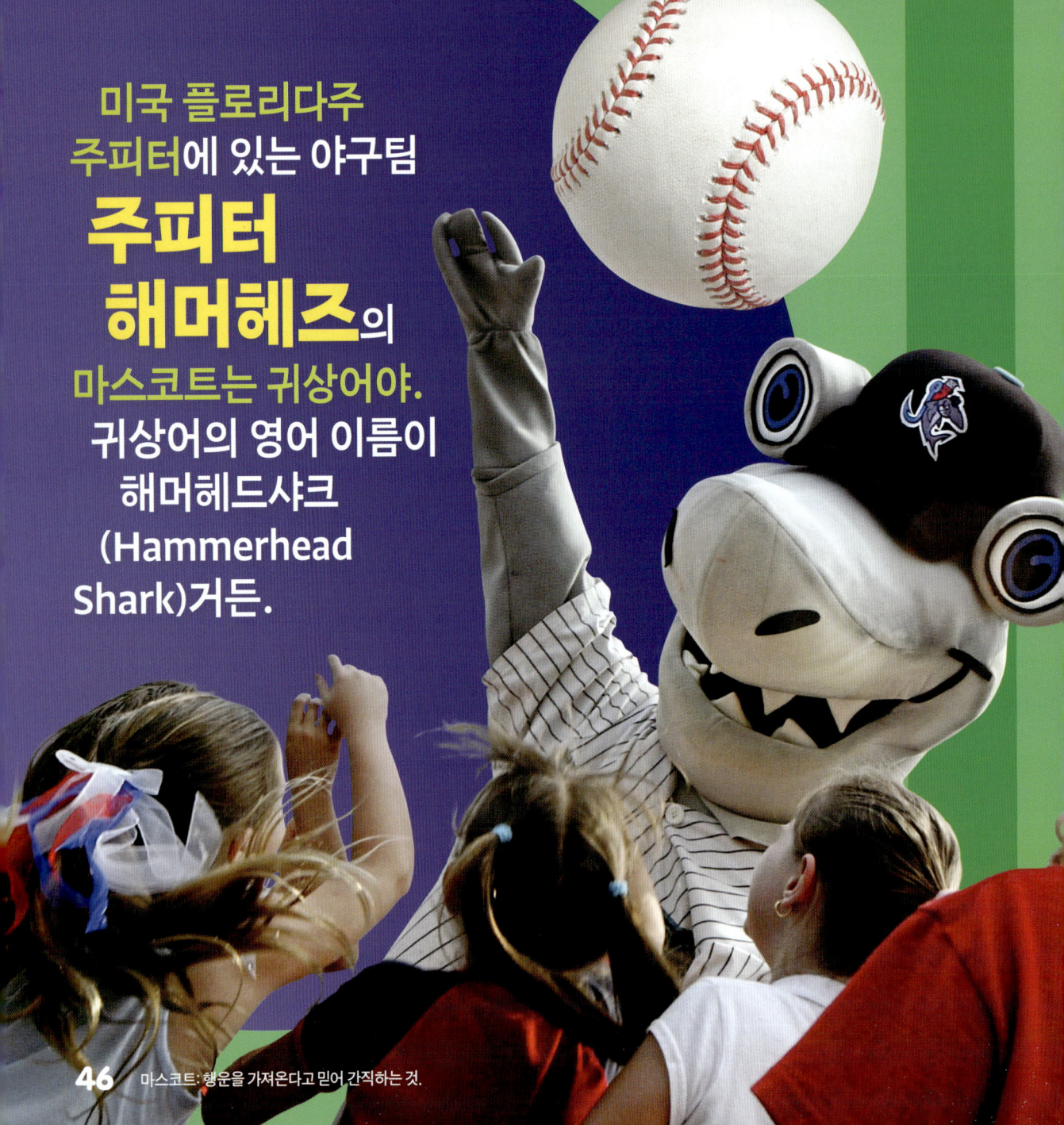

미국 플로리다주 주피터에 있는 야구팀 **주피터 해머헤즈**의 마스코트는 귀상어야. 귀상어의 영어 이름이 해머헤드샤크(Hammerhead Shark)거든.

마스코트: 행운을 가져온다고 믿어 간직하는 것.

과학자들이 그린란드상어 눈 속 단백질을 연구한 결과, 그린란드상어가 **300살**, 어쩌면 **500살 넘어서도 살 수 있을 거라고 밝혔어. 와우!**

고래상어는 오늘날 지구상에서
몸집이 가장 큰 물고기야!

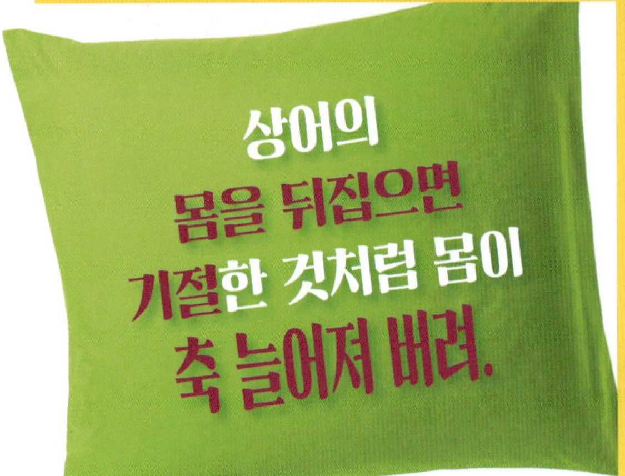

상어의
몸을 뒤집으면
기절한 것처럼 몸이
축 늘어져 버려.

상어는 무려
500종
가까이 돼.

넓은주둥이상어는 날마다 먼 거리를 이동해. 먹이인 **플랑크톤을 따라 낮**에는 깊은 바다에 머물다가 **해가 지면** 얕은 바다로 올라가지.

뚜루루 뚜루,
「아기 상어」
동요 영상은 유튜브에서
140억 회가 넘는
조회 수를
기록했어.

미국의 야구팀
워싱턴 내셔널스 소속 선수였던
헤라르도 파라는
2019년에 이 동요를
등장곡으로 정한 뒤로
계속해서 이겼대. 짝짝짝!

등장곡: 선수가 경기장에 나올 때 시작되는 노래.

얕은 바다에 사는 레몬상어는 햇빛 때문에 피부가 **노르스름하게** 보여서 이런 이름이 붙었어.

7월 14일은 상어 인식 증진의 날이라다.

전 세계적으로 멸종 위기에 처한 상어에 대해 알리고, 상어를 보호하는 날.

주름상어의 **삼지창 모양 이빨**은 입 안쪽을 향해 **25줄**로 늘어서 있어.

과학자들이 말하길 지금까지 바다에서 발견한 **마귀상어**는 고작 **50마리**도 안 된대.

폭발적인 힘으로 아주 빠르게 헤엄치는 **청상아리**의 별명은 블루 다이너마이트야.

다이너마이트: 과학자 노벨이 발명한 폭발약.

2012년, 미국 메릴랜드주의 실버스프링에는 빌딩을 뚫고 헤엄쳐 나오는 모습인 거대한 풍선 상어 촘피가 있었어!

으악, 저리 가!

해초 숲에서 물개가 쫓아오는 상어를 피하려고 거품을 퐁퐁퐁 뿜어냈대.

고대 상어 메갈로돈은 하루에 1134킬로그램쯤 먹었대.

돌묵상어 새끼는 막 태어났을 때 몸길이가 **160센티미터쯤 돼. 14세 청소년 평균 키** 정도지.

핫도그를 20,000개 넘게 먹는 거랑 비슷한 양이야!

과학자들은 레몬상어 새끼의 **성격**이 **저마다 다르다**는 사실을 알아냈어. 어떤 놈은 **무뚝뚝**하고, 어떤 놈은 다른 상어와 **잘 어울려** 놀았지.

나다운 게 최고야!

고대 상어인 **스테타칸투스** 수컷의 등에는 **다리미판** 모양을 한 독특한 지느러미가 있었대.

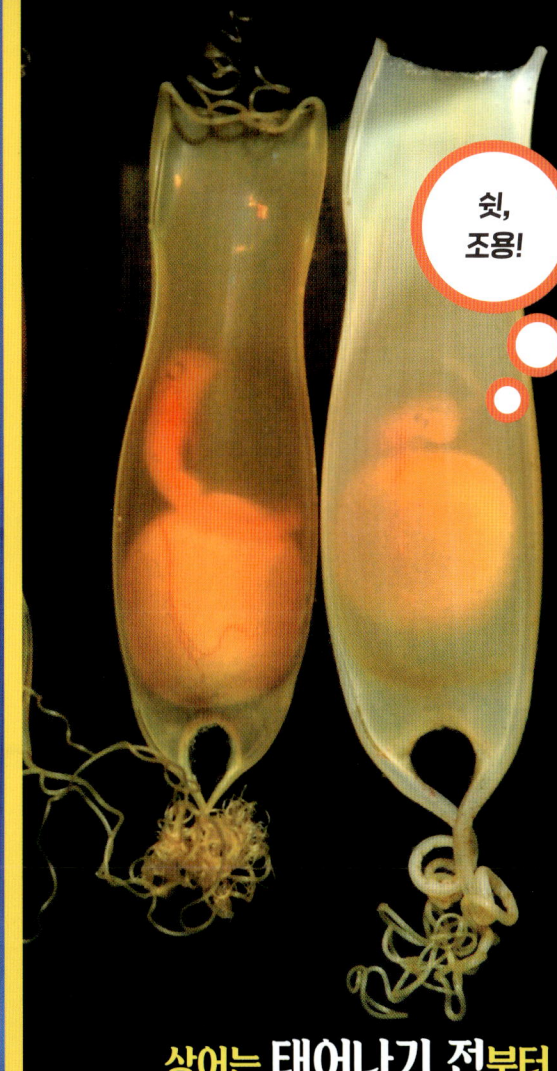

쉿, 조용!

상어는 **태어나기 전**부터 **위험을 느낄** 수 있어. **알상자 속**에서도 **포식자가 다가오면 꼼짝하지 않거든.**

포식자: 다른 동물을 먹이로 하는 동물.

청상아리는 해마다 바다를 가로질러 약 4000킬로미터를 헤엄쳐. 쌔앵!

미국 유타주의 한 남자는 **상어 모형 장난감**을 **800개** 넘게 모은 걸로 유명해졌어.

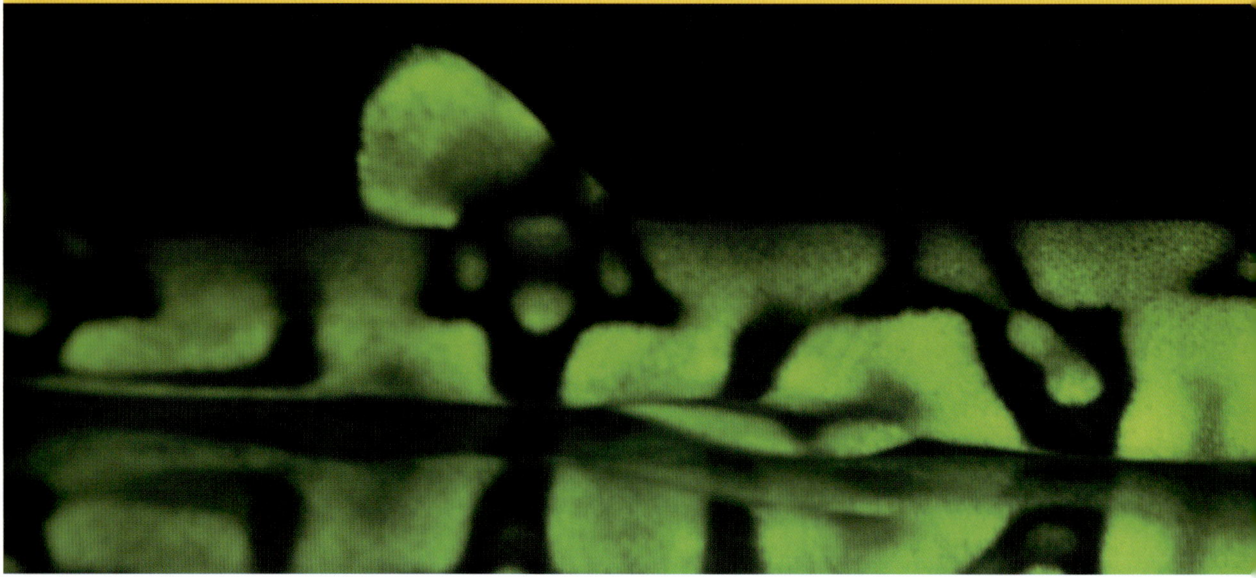

로봇 상어 웨이스트 샤크(Waste Shark)는 1년 동안 자그마치 15톤에 이르는 쓰레기를 치우며 바다를 청소한대.

바다를 깨끗이!

어떤 두톱상어는 몸에서 **초록빛**을 내며 서로 **의사소통**을 해. 하지만 그 빛은 **인간에게** 보이지 않아.

뿔괭이상어는 주로 **보라성게**를 먹고 살아서 이빨이 **보랏빛**으로 물들었어.

상어는 **인간처럼 내이**를 이용해 **균형**을 잡아.

내이: 귀 안쪽 깊은 곳에 있는 부분으로, 소리를 듣고 몸의 균형을 잡는 역할을 한다.

돌묵상어의 영어 이름은 바스킹샤크(Basking Shark)야. 바닷물 위쪽에 머물면서 **햇볕을 쬐고** 노는 모습을 보고 지은 이름이래.

바스킹(Basking): 햇볕에 몸을 쬐는 행동.

청상아리는 지구에서 가장 빠른 상어야. **최고 시속 72 킬로미터**로 쌩쌩 헤엄쳐 먹잇감을 쫓지.

대서양수염상어는 바다 밑바닥 **모래 속에 몸을 파묻은 채 꼼짝하지 않고** 눈 뒤쪽의 구멍으로 숨을 쉬어. 후하 후하!

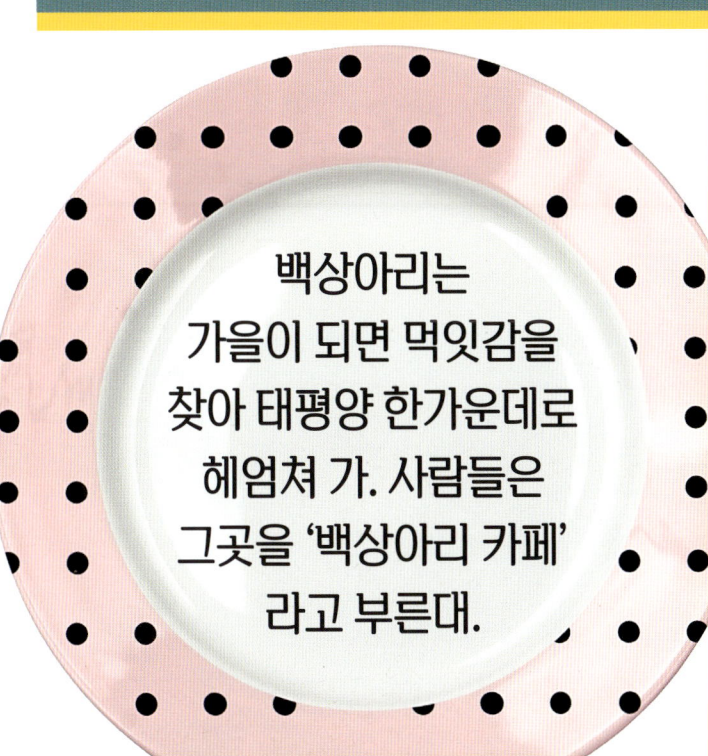

백상아리는 가을이 되면 먹잇감을 찾아 태평양 한가운데로 헤엄쳐 가. 사람들은 그곳을 '백상아리 카페'라고 부른대.

뿔괭이상어가 보라성게를 많이 먹으면 지느러미에 달린 가시도 **보라색으로** 변하고 말아!

상어가 먹다 뱉은 이빨 자국이 뚜렷하게 찍혀 있는 **악어 똥 화석**이 발견되었어! 퉤퉤.

이야, 멸종된 메갈로돈은 백상아리보다 몸길이가 3배 정도 더 길었대.

상어는 공격할 때
머리뼈에서 위턱을 빼서
**앞으로 쭈우우우욱
내밀 수 있어!**

바하마와 두바이에 있는 물 미끄럼틀 립 오브 페이스를 타면 주변에 상어가 헤엄치는 투명한 관 속을 슝 지나갈 수 있어.

놀라지 마! 강남상어를 물 밖으로 꺼내 놓으면 악어처럼 입을 크게 열었다 닫았다 하면서 턱을 계속 세게 딱딱거린대! 딱딱딱딱.

돌묵상어 뱃속에는 **음식이 450 킬로그램** 정도 들어가. **햄버거 4000개**를 먹는 양과 비슷해!

장완흉상어는 주로 밤에 사냥을 해서 **어둠의 기사**라는 별명으로 불린다나.

스릴러 영화 「죠스」는 카메라에 안 보이게 숨은 잠수부들이 실제 크기와 같은 백상아리 로봇을 조종해서 촬영했어.

갈라파고스상어는 적을 겁줄 때

등을 둥글게 굽히고 숫자 8 모양을 그리며 헤엄쳐.

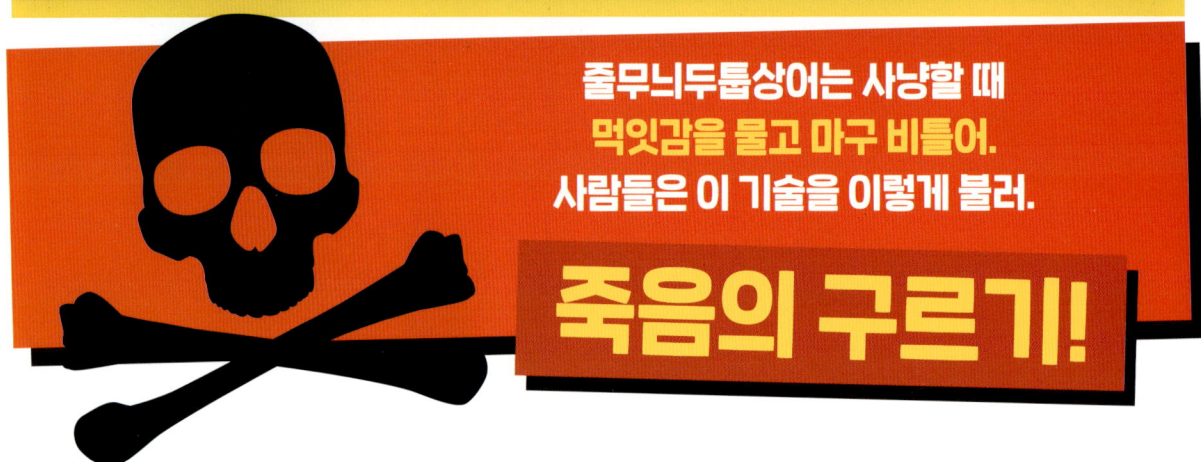

줄무늬두툽상어는 사냥할 때
먹잇감을 물고 마구 비틀어.
사람들은 이 기술을 이렇게 불러.

죽음의 구르기!

상어는 뇌의 최대 3분의 2를 **냄새**를 맡는 데 쓴대. 킁킁.

상어의 **피부**는 거칠거칠해서 따개비나 바다풀이 **달라붙지 못해.**

미국 해군은 겉면에 **따개비가 달라붙지 않는 배**를 만들려고 상어의 피부를 연구했지.

주로 밤에 사냥하는 갈라파고스물개는 **보름달이 뜨면 사냥에 잘 나서지 않아.** 달빛이 밝으면 천적인 상어의 눈에 띄기 쉽기 때문이지.

대서양골리앗참바리는
백기흉상어를
**잡아
먹어.**
그것도 통째로
한입에 꿀꺽 삼켜 버리지.

옛날 브라질 사람들은
상어 이빨을 도구로
썼어. 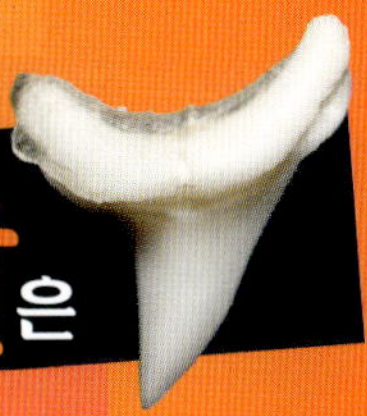
상어 이빨은
날카롭고 단단해서
일부러 갈지 않아도
오래 쓸 수 있거든.

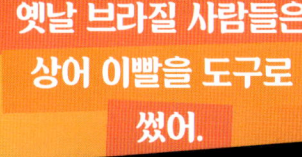

상어의 이빨 화석이
많이 나오는
미국 조지아주는
상어 이빨
화석을 주를
상징하는
화석으로 삼았어.

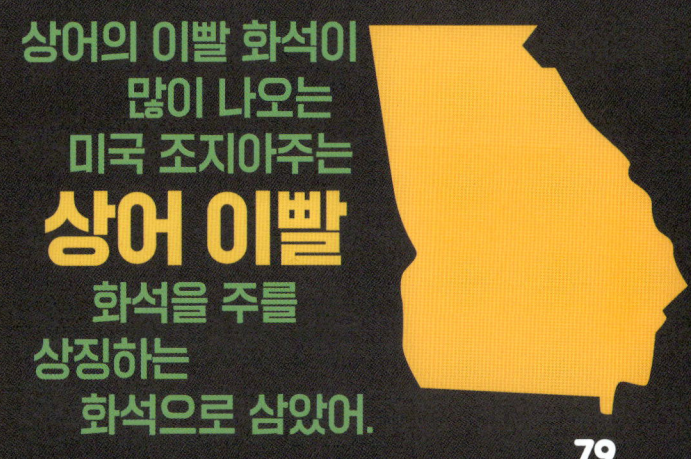

과학자들은 **상어 꼬리지느러미**를 연구해서 물속에서 더 빨리 다니는 **탈것**을 만들고 있어.

상어는 다른 물고기와 달리 **꼬리지느러미를 세워서 물살을 젓기** 때문에 **물을 밀어내는 힘**이 더 세고, 훨씬 **빠르게 헤엄치거든.**

상어는 로렌치니 기관으로 **깜깜한 어둠 속에서도** 물체의 움직임을 알아챌 수 있어.

사나운 백상아리는 **물 밖으로 펄쩍** 튀어 오르면서 먹이를 잡아먹기도 해.

어떤 주름상어는 말갈기를 닮은 등지느러미가 있어.

말갈기: 말의 목덜미에서 등까지 나는 긴 털.

바다에 놀러 가서 상어한테 물릴 확률은? **1150만 분의 1!** 에계?

입 냄새 폭발! 입 벌리고 맛있는 음식을 미식하는 상어도 있어!

미식: 맛있는 음식을 즐기면서 먹는 것.

백기흉상어는 굴에 **옹기종기** 모여서 몸을 포개고 몇 시간 동안 가만히 쉬곤 해.

아, 편안해!

그린란드상어 암컷은 태어나서 **150년**쯤 자라야 새끼를 낳을 수 있어.

빨리 150살이 되고 싶어!

황소상어는 수족관에 두면 절대 안 돼. 황소상어가 다른 물고기들을 싹 먹어 치울 테니까!

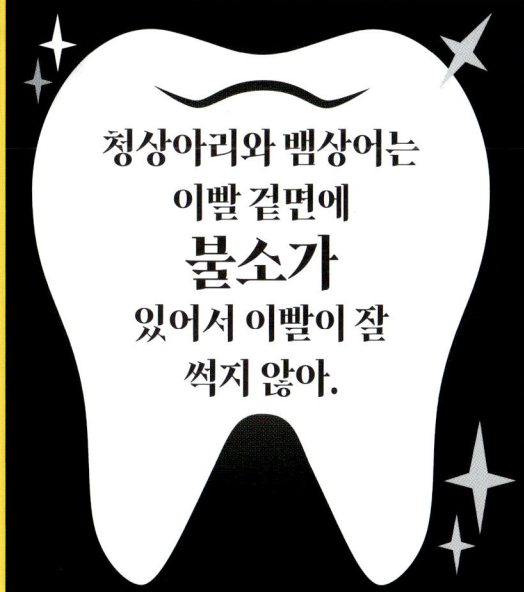

청상아리와 뱀상어는 이빨 겉면에 **불소**가 있어서 이빨이 잘 썩지 않아.

불소: 이를 튼튼하게 하고 충치를 막아 주는 물질.

톱상어는 갓 태어났을 때 이빨이 주둥이에 **납작하게 붙어 있어.** 자라면서 양옆으로 **쏙쏙쏙쏙** 튀어나와 톱처럼 변하지.

미국악어는 레몬상어나 대서양수염상어, 고깔머리귀상어를 공격하기도 해. 에헴!

어때, 무섭지?

돌묵상어 주둥이는 뭉툭한 게 꼭 **코끼리 코를 닮았어.** 그래서 어떤 사람들은 **코끼리상어라고 부르기도 해.**

영화 「도리를 찾아서」에서 고래상어 데스티니는 도리에게 고래가 쓰는 말을 알려 주었어. 그런데 사실 고래상어는 고래가 아니라 상어야!

두톱상어 새끼는 알상자에서 무려 2년 동안 지내다가 세상에 태어나.

똑! 백상아리는 민감한 코로 400미터 떨어진 곳의 피 한 방울도 알아챌 수 있어.

칠성상어는 아래턱에 빗살처럼 줄지어 난 이빨로 먹잇감을 꽉 잡고, 위턱을 앞뒤로 마구 움직여서 살점을 뜯어내.

황소상어는 빨판상어 주위를 천천히 헤엄쳐.
자기 입속과 아가미, 몸에 있는 기생충을
빨판상어가 잡아먹도록 말이야.

상어는 뒤로 헤엄치지 못해.

얼룩말상어는 새끼일 때
몸에 얼룩말 같은 **줄무늬**가 있는데
자라면서 점점 짙은 **점무늬**로 바뀌어.

상어는
먹이를 먹지 않고도
한 달은 거뜬히 버틸 수 있어.

대서양수염상어는 먹이를 **빨아들일 때**
아기가 젖을 빠는 소리를
내서 보모상어라고
불리기도 해. 쪽쪽!

보모: 어린아이를 돌보는 일을 하는 사람.

고래상어의 점무늬는 저마다 달라. 과학자들은 이 점무늬를 구별하기 위해 미국 항공 우주국(NASA)에서 별 지도를 만들 때 쓰는 프로그램을 활용해.

중세 시대 사람들은 상어 이빨 화석이 용이나 뱀의 혀가 딱딱하게 굳은 것이며 음식에 들어 있는

독을

알아낼 수 있다고 굳게 믿었어.

약 3억 년 전에 살았던 고대 상어 오르타칸투스는 자기 새끼를 잡아먹기도 했대.

더 꽁꽁 숨겠어!

상어와 먼 친척인 톱가오리는 **톱 모양**의 **주둥이**로 모랫바닥을 샅샅이 훑으며 **새우**나 게를 잡아먹어.

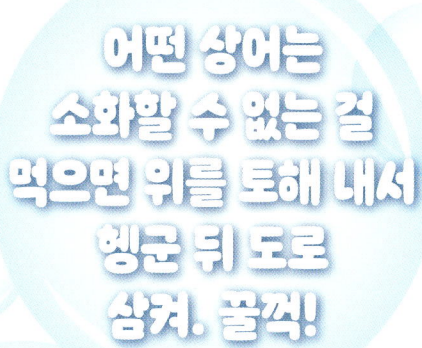

어떤 상어는
소화할 수 없는 걸
먹으면 위를 토해 내서
헹군 뒤 도로
삼켜. 꿀꺽!

99

과학자들은 주름상어 배의
자글자글 주름진 피부가
쭈우우우우우우욱 **펴지면서**
커다란 먹이도
쉽게 소화할 수 있을 거래.

인도 히말라야산맥의 **상어 지느러미**로 불리는 메루 봉우리는 몹시 높고 험해서 등산 전문가 셋이서 무려 12일 동안이나 기어올라야 했지.

멕시코 칸쿤에 있는 20층짜리 건물 샤크 타워는 상어 지느러미 모양을 본떠 지었어. 이곳에는 상어 연구소도 있단다!

훗, 내가 좀 무섭지!

남아프리카물개는 청새리상어를 공격해서 잡아먹어.

모래뱀상어는 입을 다물어도 이빨이 입 밖으로 삐죽삐죽 튀어나와.

상어는 똥을 빙글빙글 돌려서 둘둘 말아서 눠.

상어의 위산은 쇠를 녹일 만큼 강력해!

위산: 위에서 나오는 물질로, 먹은 음식을 잘게 부수고 나쁜 균을 없앤다.

고대 상어 **스쿠알리코락스**는 바닷물에 빠진 공룡과 익룡을 귀신같이 낚아채 잡아먹었다고 해. 으악!

상어 이빨이 화석이 되기까지 **10,000년** 정도 걸려.

야호! 2020년에 몬스터 트럭 메갈로돈은 몬스터 트럭 대회에서 나란히 선 트럭 8대 위를 점프해서 세계 신기록을 세웠어.

108 몬스터 트럭: 경기를 위해 만들어진 커다란 바퀴가 달린 자동차. 높은 언덕을 잘 오르고, 다른 차 위를 점프할 수 있다.

상어한테는 보통 적의 공격에서 눈을 보호해 주는 **특별한 눈꺼풀**이 있어.

멋진 내 눈!

그런데 고래상어는 **눈꺼풀이 없어.** 대신 이빨 모양의 작은 돌기 약 3000개가 눈을 빼곡히 덮고 있지.

닌자랜턴상어의 몸에서 뿜어져 나오는 희미한 빛은 **아래쪽**에서 바라보면 꼭 **바닷속**에 비친 **빛줄기** 같아. 그래서 몰래 먹잇감에게 다가가기 좋아.

고대에 **멸종된 긴수상어(Ginsu Shark)**의 이름은 **날카로운 칼**로 유명한 브랜드인 '긴수(Ginsu)'에서 따왔어. 먹이를 **조각조각 썰듯이** 잘라 먹어서 붙은 이름이래.

닌자랜턴상어의 이름은 어떻게 지어졌게? 한 과학자의 **여덟 살짜리 사촌** 동생들이 이 상어가 살금살금 움직이는 모습을 보고는 **닌자 같다**고 말한 게 정말 이름이 됐대!

닌자: 천으로 얼굴을 감추고 몰래 움직이며 특별한 일을 하는 일본 전사.

어떤 예술가가 **해변에 버려진 병뚜껑, 변기, 장난감** 등의 플라스틱 쓰레기를 모아서

이 몸은 이제 예술 작품이야!

거대한 백상아리 모형을 만들고 **그레타**라는 이름을 붙였어.

미국 스미스소니언 국립 자연사 박물관에 있는 카페 앞의 천장에는 실제랑 똑같은 크기의 암컷 메갈로돈 모형이 위풍당당하게 매달려 있어.

갓 태어난 백상아리의 몸길이는 욕조 길이와 비슷해.

갓 태어난 고래상어의 몸길이는 스케이트보드 길이와 비슷하지.

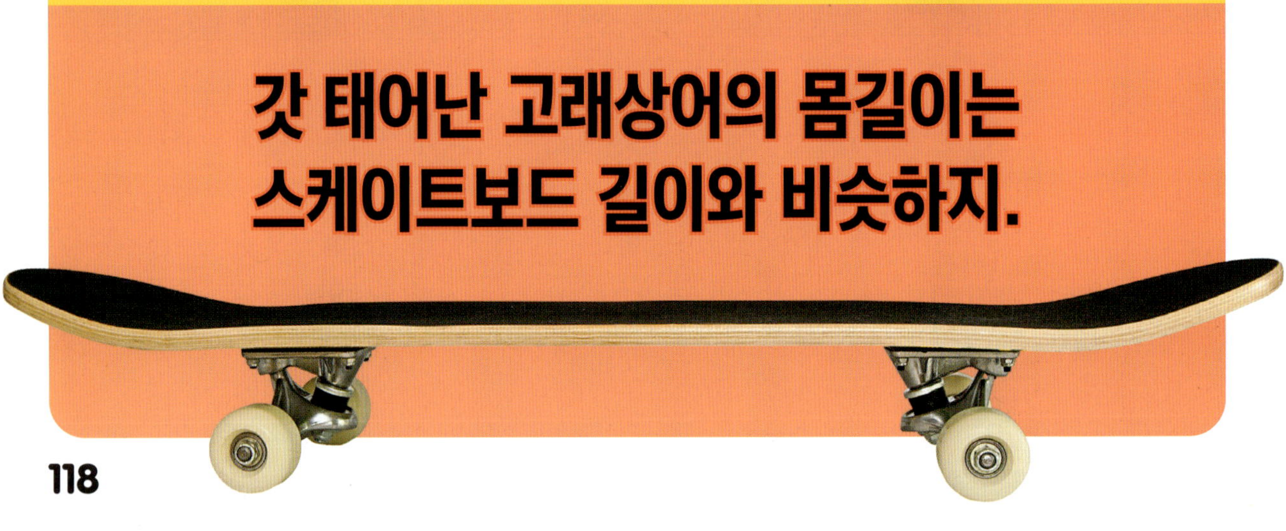

1961년에 자동차 브랜드 쉐보레에서는 청상아리를 보고 디자인한 스포츠카 콜벳 마코 샤크를 선보였어. 어때, 청상아리랑 닮은 것 같아?

홍살귀상어와 미흑점상어는 지구에서 가장 활발하게 **활동하는 해저 화산**인 카바치에 살아.

카바치에서 상어들이 발견된 후 이곳에 **샤크카노(Sharkcano)** 라는 별명이 붙었어. 영어로 상어(Shark)와 화산(Volcano)을 합친 말이지.

해저 화산: 바닷속 깊은 곳에 있는 화산.

쉿! 이건 비밀인데, 귀상어는 태어날 때 **머리가 둥글게 말려 있다가** 자라면서 점점 납작하게 펴지는 거야!

귀상어는 종종 비스듬하게 누워서 헤엄쳐.
이렇게 하면 힘을 아낄 수 있거든.

훗, 눈이 커서 잘 보여!

휙휙 빠르게 움직이는 먹이를 사냥하는 상어는 느릿느릿 움직이는 먹이를 사냥하는 상어보다 눈이 더 커.

지금으로부터 1000년 전 아이슬란드에 살았던 사람들은
그린란드상어를 삭히고 말려서 간식으로 먹었대.

백상아리는 다 클 때까지 해마다 약 **25** 센티미터씩 쑥쑥 자라.

몇 달 동안 상어를 모래 속에 묻어 두고 푹 삭힌 이 음식을 '하우카르들' 또는 '하칼'이라고 해.

한때 미국 해군은 조종사가 사고로 바다에 떨어졌을 때를 대비해서 샤크 체이서라는 분홍색 캡슐을 나눠 주었대.

샤크 체이서를 물에 떨어뜨리면 상어가 싫어하는 검정색 화학 물질이 퍼지면서 조종사의 모습을 가려 주었지.

두툽상어의 영어 이름은 캣샤크(Cat Shark)야. **아몬드 모양의 눈**이 고양이(Cat) 눈과 닮아서 붙여진 이름이지.

과학자들이 말하길, 상어는 **어두운 곳**에서 **인간보다 10배쯤 잘 볼 수 있대.**

뿔괭이상어
양쪽 눈 위는 뿔처럼 불룩 솟아 있어.

청상아리는 대형 버스 길이보다 훨씬 긴 거리를 1초 만에 재빨리 쌔앵 헤엄쳐 갈 수 있어.

사람을 1깨물고는 그냥 가 버리는
백상아리의 행동을 가리켜서
'샘플 바이트'라고 불러.
시험 삼아 만든 샘플처럼 사람을 공격해 본다는 뜻이지.

과학자들은 백상아리가 사냥감이 알아채지 못하게 피부 색을 바꿔 위장할 수 있는지 연구하고 있어.

위장: 정체를 숨기려고 모습을 바꾸거나 꾸미는 일.

지금은 멸종된 고대 상어인 **팔카투스** 수컷의 **머리** 위쪽에는 **검**을 닮은 **지느러미뼈**가 불룩 튀어나와 있었어.

스내글투스상어는 위턱에 난 이빨만 가장자리가 뾰족뾰족한 톱니 모양이야.

그래서 학명이 '반쪽짜리 톱'이라는 뜻의 헤미프리스티스(Hemipristis)란다.

학명: 전 세계 사람들이 똑같이 부를 수 있도록 만든 동식물의 생물학 이름.

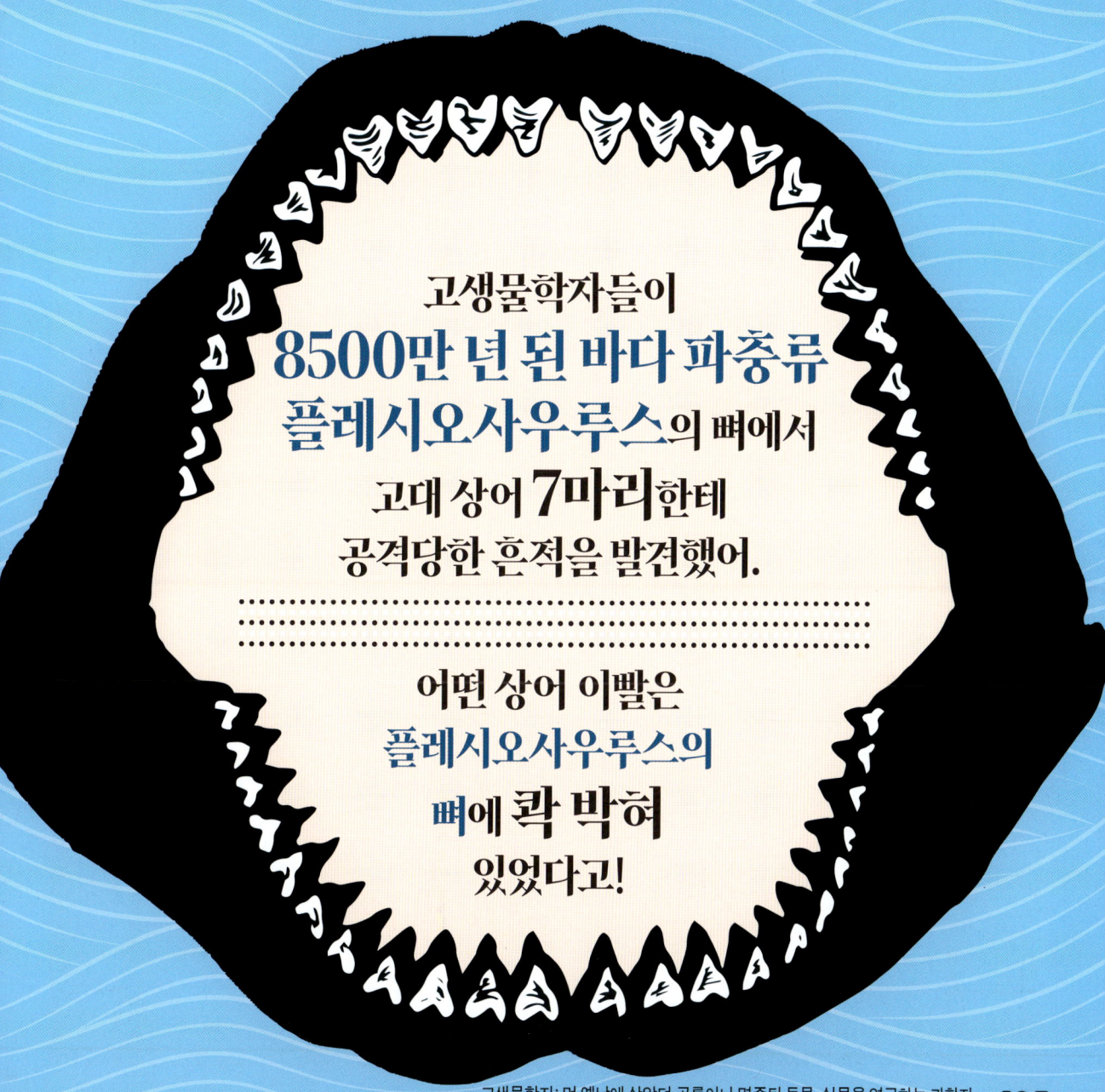

고생물학자들이 8500만 년 된 바다 파충류 플레시오사우루스의 뼈에서 고대 상어 7마리한테 공격당한 흔적을 발견했어.

어떤 상어 이빨은 플레시오사우루스의 뼈에 콱 박혀 있었다고!

고생물학자: 먼 옛날에 살았던 공룡이나 멸종된 동물, 식물을 연구하는 과학자.
파충류: 온몸이 비늘로 덮여 있고, 등뼈가 있는 동물의 한 종류.

상어 피부는 병을 일으키는 박테리아를 막아 줘. 미국에서는 상어 피부를 흉내 내어 만든 요가 매트를 팔고 있어.

박테리아: 눈에 보이지 않지만 우리 몸과 주변 어디에나 있는 생물. 죽은 동물이나 낙엽 등을 잘게 부숴 자연으로 보내는 역할도 한다.

쇠로 만든 **쓰레기통 뚜껑**처럼 생긴 고대 상어 **프티코두스**의 거대한 이빨은 **대왕조개**의 딱딱한 껍데기도 으깨 버릴 만큼 강력했어.

뭐든 다 부스러뜨릴 수 있어서 별명이 **분쇄기**래.

분쇄기: 물건을 잘게 부수는 기계.

입속으로 초대할게!

미국 플로리다주 마라톤에 있는 미술관 **셰이디 팜 아트 갤러리**에는 걸어서 상어 머리 모형 안에 들어가 볼 수 있는 계단이 있어.

주름상어는 자기 몸집의 반만 한 먹이를 한입에 꿀꺽 삼킬 수 있어.

상어 이빨 화석은 **하얀색, 갈색, 검은색** 심지어 **파란색**인 것도 있어.

상어의 온몸은 단단한 **뼈**가 아닌 **연골**로 이루어져 있어. 연골은 사람의 **귀**나 **코끝**에 있는 물렁물렁한 뼈야.

곱상어는 몸을 활처럼 구부려서 등지느러미 앞에 나 있는 날카로운 가시 두 개로 적을 물리치고 자기 몸을 지켜.

품에 안겨 볼래?

영화 「죠스」에서 상어가 등장할 때 흘러나오는 음악은 단 두 개의 계이름만 반복돼. 미와 파 또는 파와 파 샤프(#). 미파 미파….

잠수부들은 **상어 이빨 화석**을 찾으려고 러시아 시베리아의 **얼음이 꽝꽝 언 토볼강**으로 헤엄쳐 들어가.

줄무늬두톱상어는 겁이 나면 꼬리로 머리를 감싸서 물을 웅크린 공처럼 변신해.

찰칵! 미국 플로리다주의 한 잠수부는 영화 「니모를 찾아서」에 나오는 상어인 **브루스**처럼 이빨을 활짝 드러낸 **레몬상어**의 사진을 찍었어.

사람마다 지문이 각자 다른 것처럼 상어도 등지느러미의 모양, 등지느러미 가장자리에 파인 홈의 위치와 깊이가 달라서 등지느러미를 살펴보면 어떤 상어인지 구분할 수 있어.

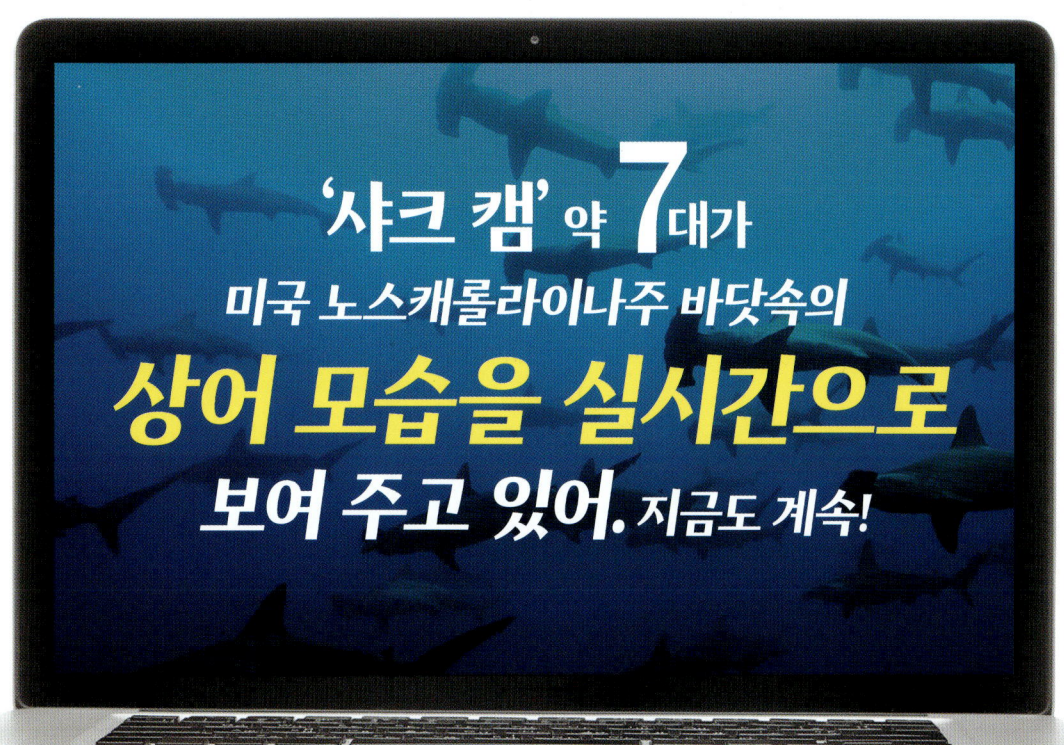

'샤크 캠' 약 **7**대가 미국 노스캐롤라이나주 바닷속의 **상어 모습을 실시간으로** 보여 주고 있어. 지금도 계속!

과학자들은 상어 눈을 따라서 만든 **특수한 카메라로 몸에서 빛을 내는 상어가** 다른 상어의 눈에는 어떻게 보이는지 알아냈단다.

고대 상어인 **독수리상어**는 양쪽 가슴지느러미를 쫙 펼쳤을 때 길이가 거의 **2미터**였대!

상어는 알파벳
S 자 모양의 심장과
U 자 모양의 위를
가지고 있어.

미국 플로리다주의 해변 도시 베니스는
'세계 상어 이빨의
수도'라고 불려.
수많은 상어 이빨 화석이
이곳의 해변으로
휩쓸려 오거든.

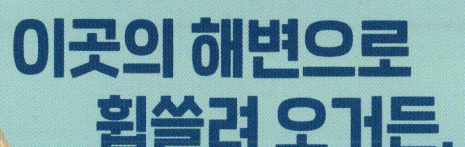

그래서 베니스에 가면
해변의 모래를 파헤쳐
화석을 찾을 수 있도록
특별한 삽을 빌려 준대.

19세기에
태평양의
섬사람들은

날이 상어
이빨로 된
긴 칼이나
짧은 검을
무기로 썼어.

수도: 한 나라의 왕이나 대통령, 정부 기관이 있는 도시.

어린 백상아리는 턱에 있는 몰랑몰랑한 **물렁뼈**가 아직 다 자라지 않았기 때문에 다 자란 백상아리보다 **무는 힘이 약해.**

겁먹은 상어는 해초 사이에 몸을 **숨겨.**

레몬상어는 2500만 방울로 이루어진 바닷물에 참치 기름이 단 한 방울만 섞여도 바로 알아챌 수 있어. 냄새를 잘 맡거든.

스파이호핑

날개귀상어는 귀상어 중에서도
머리가 가장 넓어.
그 너비가 무려 
자기 **몸길이**의 절반 가까이 된대.

피그미상어는 매일 밤 먹이를 찾아 바다 밑에서 위로 오르내려. 오가는 거리를 합하면 **1500미터도** 넘지.

주머니상어는
가슴지느러미 주변에 있는 주머니에서 반짝반짝
형광 물질을
내뿜어. 빛 속에 자기
몸을 감추려고
그러는 거래.

틸로사우루스:
8500만~7800만 년 전
고대 바다에서

상어를 잡아먹고 살았던 무시무시한 **바다 파충류.**

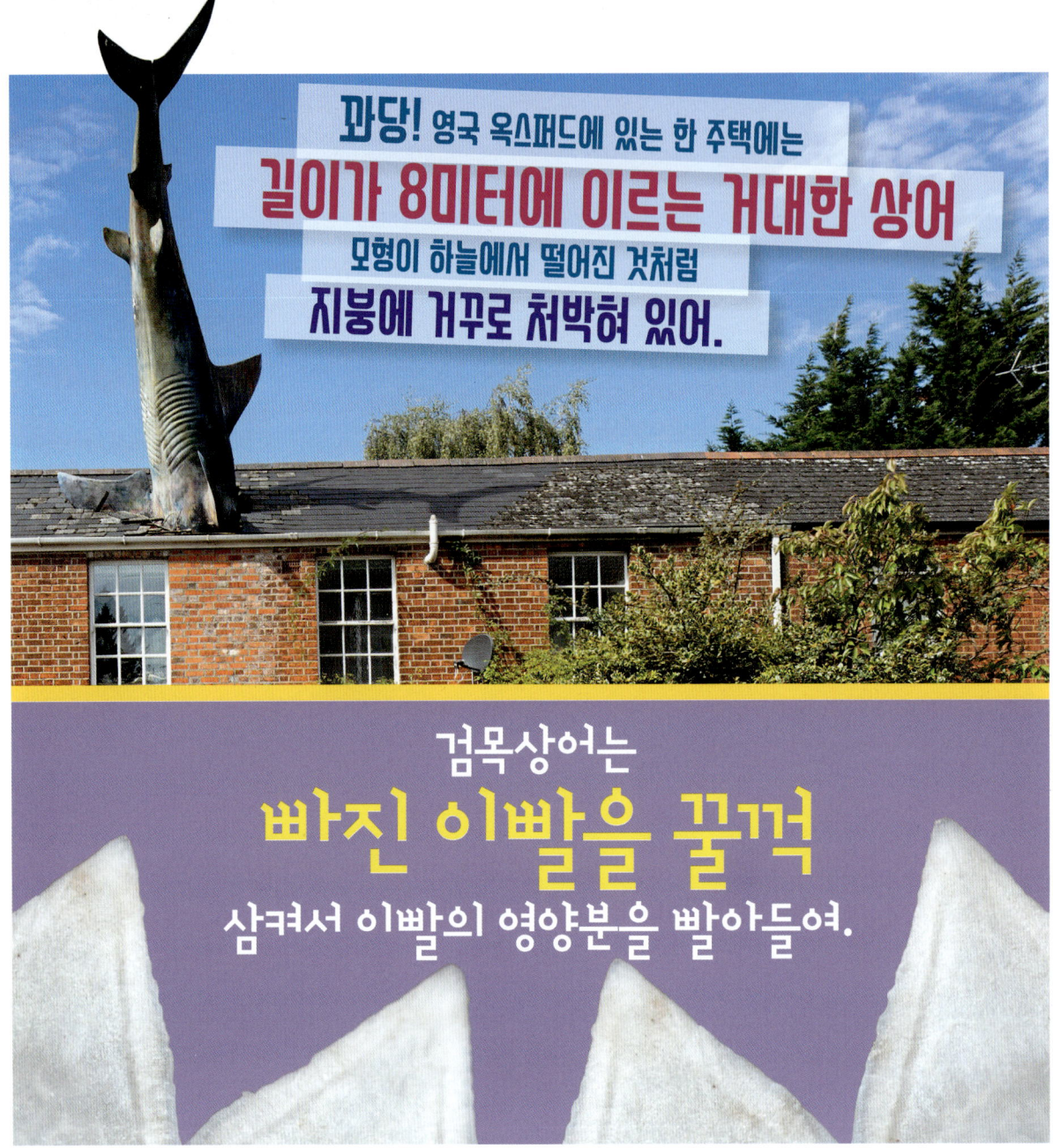

꽈당! 영국 옥스퍼드에 있는 한 주택에는 길이가 8미터에 이르는 거대한 상어 모형이 하늘에서 떨어진 것처럼 지붕에 거꾸로 처박혀 있어.

검목상어는 빠진 이빨을 꿀꺽 삼켜서 이빨의 영양분을 빨아들여.

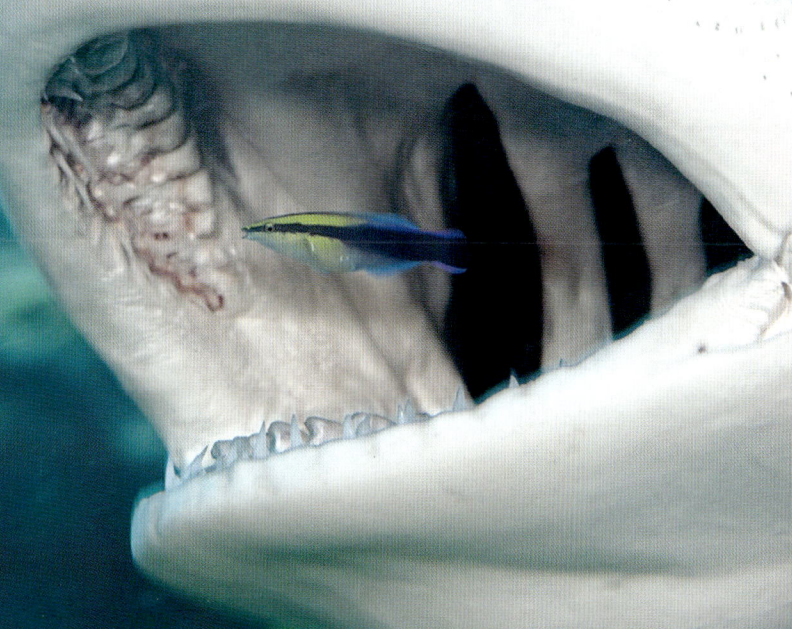

청소동물인
청소놀래기는

상어 입속에
남아 있는

음식 찌꺼기를
먹어 치워. 냠냠!

청소동물: 죽은 동물이나 다른 동물의 똥, 먹이 찌꺼기 등을 먹고 사는 동물.

백상아리는 어미 몸속에 있을 때부터 이빨이 났다가 빠지고 또 새로 난대.

펍에더샤이상어는 무서움을 느끼면 **몸을 둥그렇게**

돌돌 말고서 꼬리지느러미로 자기 눈을 가려. 안 보인다!

곱상어 이름 속 곱은 **지방**이라는 뜻이야. 몸에 지방이 많아서 이런 **이름이** 붙었대.

2005년에 과학자들은 **백상아리**가 **남아프리카에서 오스트레일리아**까지 **곧장 이어지는 길**을 찾아서 오갔다는 사실을 알아냈어.

오스트레일리아

남아프리카

162

상어는 **4000만 년** 전부터 지금까지 지구에서 살고 있어. 그런데 **차디찬 남극 바다에서는 살지 못해!**

리디아는 **대서양을 건넜다고** 알려진 첫 번째 백상아리야. 2013년에는 무려 **40,000명** 넘는 사람들이 리디아의 에스엔에스(SNS)를 구독했다니까!

진환도상어의 **꼬리** 지느러미는 자기 **몸통만큼 길고 힘이 세거든.**

레몬상어 새끼는 물이 **사람 무릎** 깊이밖에 안 되는 **해초 숲에서 헤엄쳐 다녀.** 이곳이 바로 레몬상어 새끼들의 **'어린이집'** 인 거야!

상어는 몸통 양옆에 머리부터 꼬리까지 이어지는 옆줄이 있어. 이 옆줄로 물의 흐름을 느끼고 **주변에 있는 먹이도 알아채지.**

나처럼 매일 수영을 해 보렴!

상어는 몸무게의 거의 대부분이 근육 무게야. 엄청나지?

남아 있는 **상어 화석**은 대부분 **이빨**이야.

상어 피부를 꼬리에서 **머리** 방향으로 문지르면 **사포**를 만지는 것처럼 까끌까끌해.

사포: 돌, 유리 등의 보드라운 가루를 바른 천이나 종이.

레몬상어 암컷은 자기가 태어난 곳으로 돌아가서 **새끼를 낳아.**

노랑 수영복을 조심해! 상어는 노란색에 유난히 민감하게 반응한다네.

그래서 상어 전문가들은 **밝은 노란색**의 튜브나 구명조끼를 보면 상어가 좋아하는 '**맛있는 노랑**'이라고 농담한다지.

어떤 백상아리는 몸을 **알파벳 에스(S) 자 모양**으로 **꿀렁꿀렁** 움직이면서 **똥을 눠.** 뿌우우지이익!

상어의 눈은 어둠 속에서 그 어떤 동물보다도 빛이 나.

어른의 몸에서 입이 넓은주둥이상어만큼 큰 부분을 차지한다면 그 높이가 **30센티미터**도 넘을 거야. 쩌어어어어억!

북미 아이스하키 리그(NHL) 프로 아이스하키팀인
산 호세 샤크스의 마스코트는 상어야.
이름은 샤키!

쉿! 이건 비밀인데, 어떤 상어는 **물 밖에서도** 몇 시간 동안 살 수 있어!

복상어는 적에게 겁을 주려고 **물을 삼켜서 몸을 두 배로 부풀려.**

절반이 넘는 **상어** 종류가 사람과 만날 일이 거의 **없거나** 사람을 **잡아먹지 못해.**

미국 캘리포니아주 롱비치에 있는 **거대한 경기장 '플래닛 오션'** 바깥 벽에는 **상어가 실제 크기로** 그려져 있어.

길이가 **390미터** 정도 되는 이 벽화를 그리는 데 페인트가 무려 **26,500리터** 가까이 쓰였대. 와우!

과학자들은 백상아리가 다니는 길을 알아보려고 **바다표범 비계** 속에 **추적 장치를 숨겨** 백상아리가 **삼키게** 했어. 이 장치를 뭐라고 불렀게?

비곗덩어리 부리토.

비계: 고기 속에 있는 하얀 기름 부분.
부리토: 토르티야에 다진 고기, 콩 등을 넣어 둥글게 감싼 멕시코 음식.

화산섬 19개가 모여 있는 태평양 동쪽 갈라파고스 제도의 바다에는 약 **32**종의 상어가 어울려 살고 있어.

화산섬: 바닷속 깊은 곳에서 화산이 폭발하면서 만들어진 섬.

한때 올림픽에 나간 수영 선수들은 물속에서 더 빠르게 헤엄치려고 상어 피부처럼 만든 수영복을 입었어.

안녕, 꼬마들!

고래상어의 최대 몸무게는 거의 수컷

미국 플로리다주 팜비치 카운티에 있는 물속 공원에서 스노클링을 하면 **680 킬로그램짜리 귀상어 조각상 세 개를** 볼 수 있어.

스노클링: 물안경, 오리발, 숨 쉬는 관인 스노클 등을 차고 물속을 구경하는 것.

아프리카코끼리 다섯 마리와 비슷해.

암컷 상어는 대부분 **새끼를 낳을 때**가 되면 **입맛**을 잃어. 배가 고픈 나머지 자기 새끼를 잡아먹어서는 안 되니까.

넓은주둥이상어는 입이 반짝거려. 먹잇감들은 이 반짝임에 이끌려 다가갔다가 **잡아먹혀!**

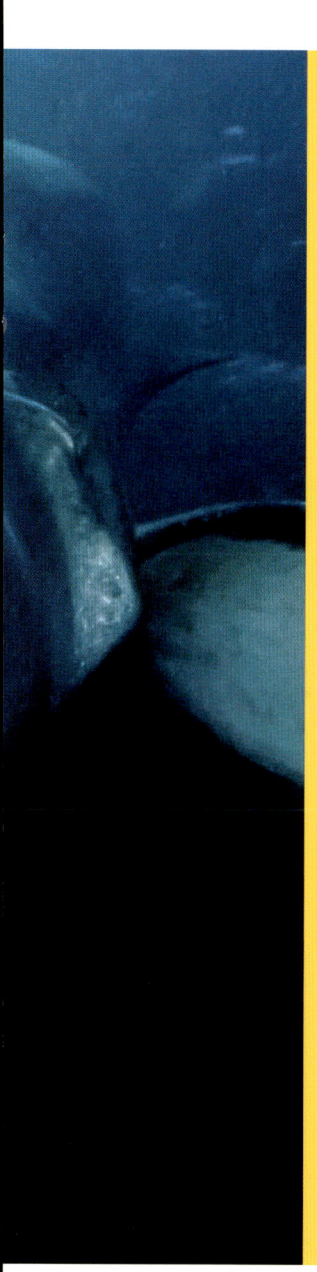

수족관에 사는 상어는 다양한 먹이를 먹지 못해서 비타민이 부족해.

그래서 사육사가 영양제를 챙겨 주는데 거의 다 **뱉어 버린대.**

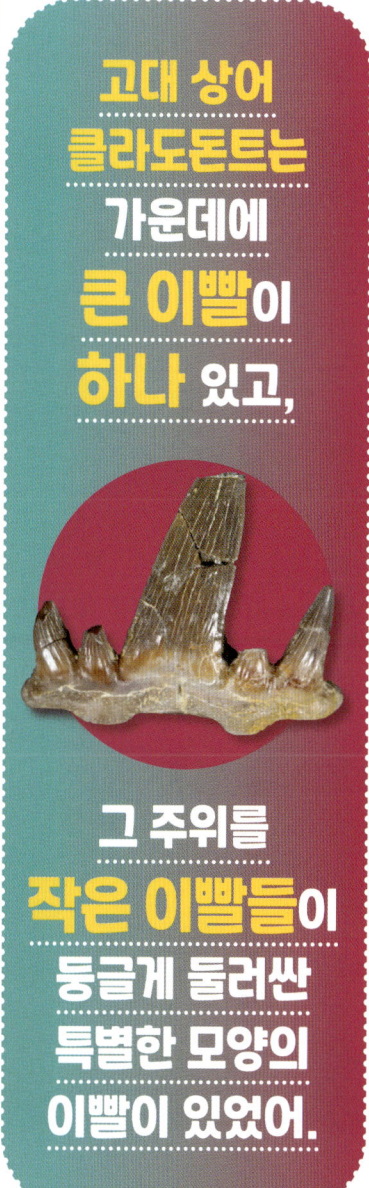

고대 상어 클라도돈트는 가운데에 **큰 이빨**이 **하나** 있고,

그 주위를 **작은 이빨들**이 둥글게 둘러싼 특별한 모양의 이빨이 있었어.

미국 플로리다주 세인트피터즈버그의 한 건물에 그려진 **거대한 상어 벽화는** 어찌나 생생한지 사람이 오면 금방이라도 덥석 **잡아먹을 것 같아.**

메갈로돈의 머리는 에스유브이(SUV) 자동차 크기랑 비슷해.

에스유브이(SUV): 울퉁불퉁한 길도 잘 달리는 크고 튼튼한 자동차.

무려 **100** 종이 넘는 상어들이 남아프리카 공화국 해안에서 유유히 헤엄치고 있어.

황새치는 상어를 죽일 수도 있어.
그 방법은 바로,

길고 뾰족한 주둥이로 찌르기!

상어는 보통 바다에 살지만,
강에 사는 상어도 있어!
황소상어는 아마존강이나
미시시피강 같은 큰 강에서
힘차게 헤엄치지.

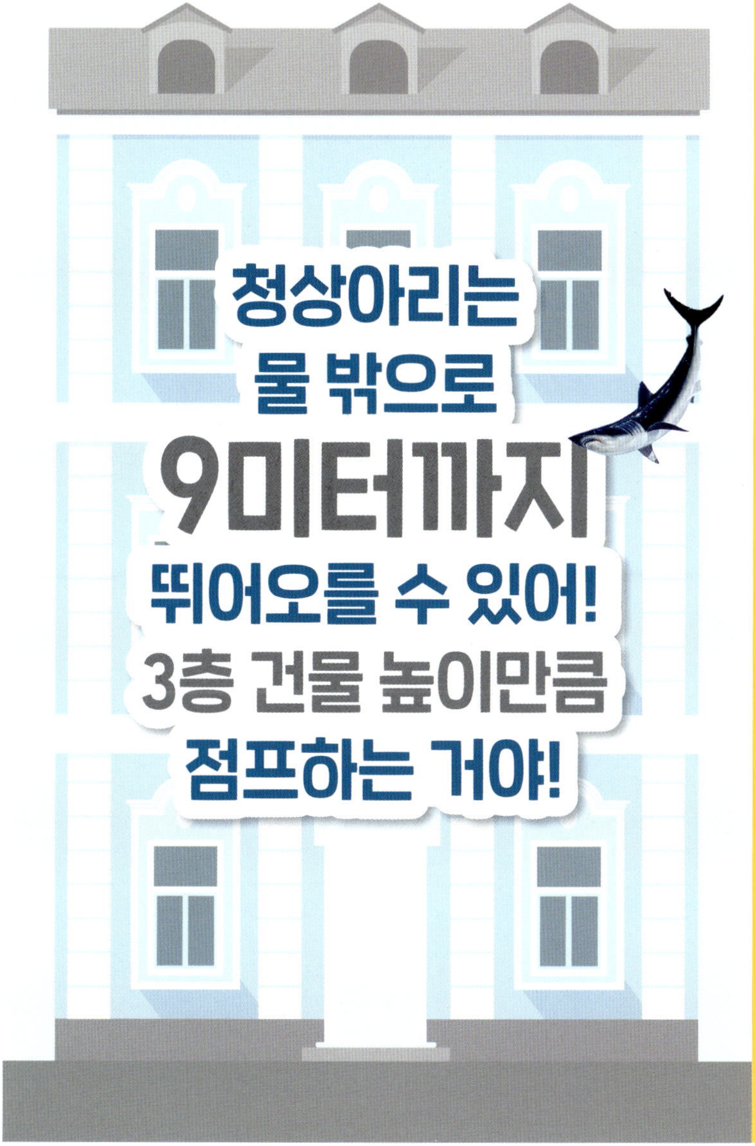

청상아리는
물 밖으로
9미터까지
뛰어오를 수 있어!
3층 건물 높이만큼
점프하는 거야!

오스트레일리아의 한 회사가 **상어의 지느러미** 움직임을 본떠서 밀물과 썰물의 힘을 **전기**로 바꾸는 장치를 만들어 냈어.

밀물: 바닷물이 해변으로 올라오는 것.

미국 플로리다주 올랜도에 있는 놀이공원에는

청상아리 롤러코스터가 있는데

가장 빠르게 달릴 때는

고속도로 위 자동차보다 빠르대. 꺅!

그린란드상어는 몸속에 물이 얼지 않게 해 주는 특별한 물질이 있어서 북극의 차가운 바다에서도 끄떡없이 헤엄칠 수 있단다.

어떤 상어의 몸을 초록색으로 빛나게 만드는 **형광 물질**이 나쁜 균을 막아 주기도 해.

백악기 후기에는 미국 앨라배마주가 바닷물에 잠겨 있었어. 그때는 이곳에 *상어들이 득실득실했지.*

백악기 후기: 약 1억 년 전부터 6600만 년 전.

뿔괭이상어는 낮 동안 동굴이나 바위틈에 **숨어서 쉬다가** 밤이 되면 사냥을 해.

사람들은 상어를 무서워하지만 사실 사람이 상어를 **훨씬 더 많이 해치고 있어.**

상어는 **내이**가 있어.
마치 사람의 귀처럼.

두톱상어의 몸에서는 **특별한 무늬를 가진 빛**이 퍼져 나와.

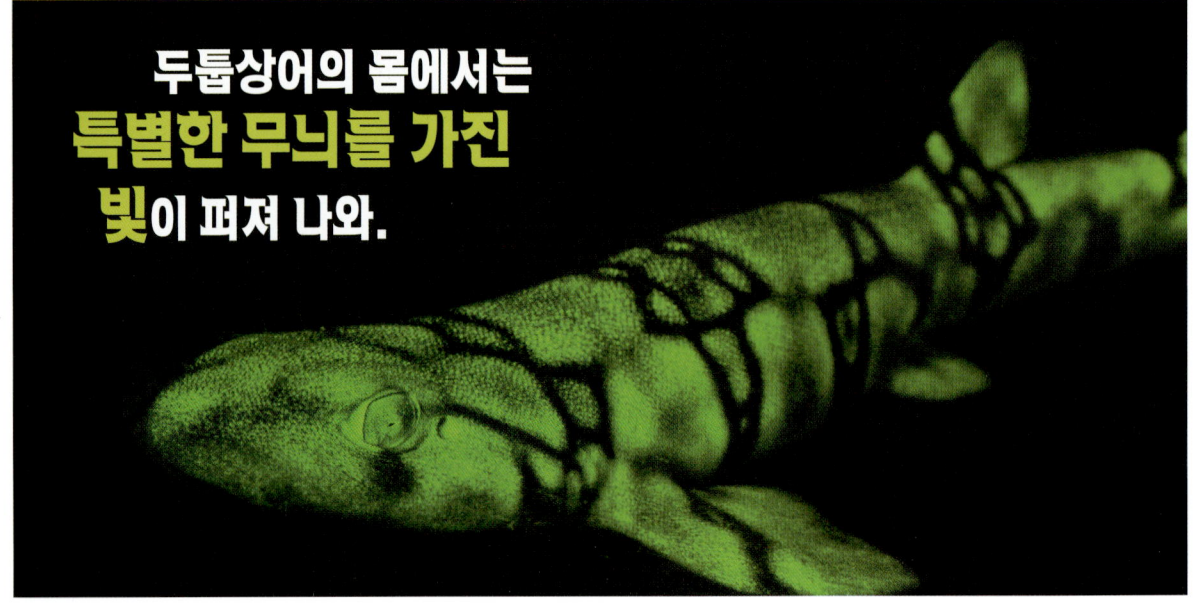

예술가 데미언 허스트는 죽은 뱀상어를 썩지 않게 만들어 유리 진열장에 넣어 놓았어. 덜덜덜.

상어 똥은 무슨 색이게? 연두색.

진환도상어는 사냥감을 향해 꼬리지느러미를 최고 시속 129킬로미터로 휘두를 수 있어.

고래상어의 심장은 농구공 세 개를 합친 것보다 무거워.

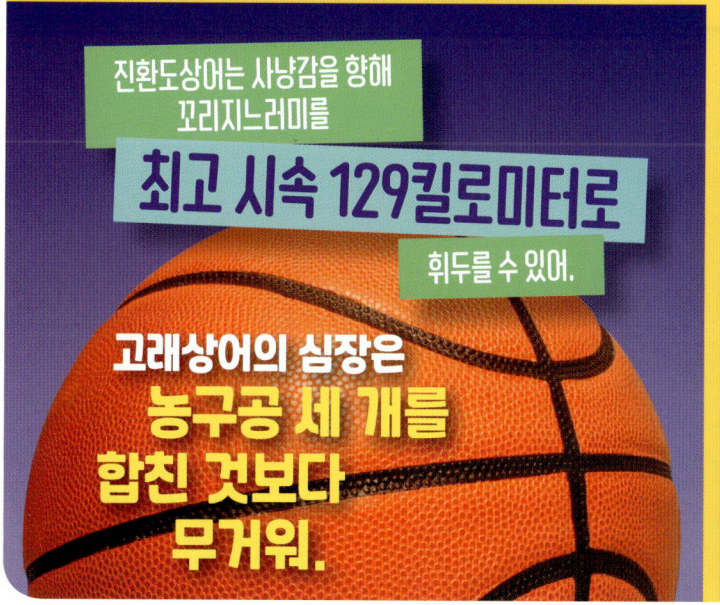

토러스 해협 제도에 살던 옛날 사람들은 북두칠성의 별들을 이어서 상어 모양 별자리를 만들었어.

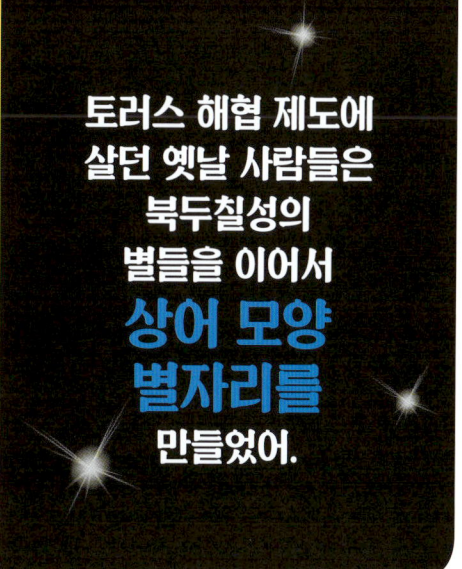

옛날 유럽에서는 **그린란드상어의 간에서** 나온 기름으로 등불을 밝혔어.

뿔괭이상어는 주로 근육질의 가슴지느러미로 **밑바닥을 밀어내며** 이동해. 쓰윽쓰윽!

청새리상어는 영어로 **블루샤크**(Blue Shark)야. 아주 진하고 뚜렷한 **파란색** 피부 때문에 붙은 이름이지.

고대 상어 드라코프리스티스는 등에 67센티미터나 되는 커다란 지느러미뼈 두 개가 튀어나와 있어서 별명이 '고질라 상어'야.

고질라: 영화 「고질라」에 나오는 괴물. 몸집이 크고, 드라코프리스티스처럼 등에 뾰족뾰족한 가시가 있다.

영화 「딥 블루 씨」에 나오는 청상아리는 사실 **비행기** 장치로 만든 로봇이었어!

캐나다 노바스코샤주의 과학자들은 몸길이 **5.2미터**, 몸무게 **1606 킬로그램**의 백상아리를 쫓으며 연구했어. 이 백상아리는 **바다의 여왕**이라고 불렸지.

오스트레일리아 퀸즐랜드의 골프장 호수에는 **뱀상어 12마리**가 살고 있어. 덜덜덜.

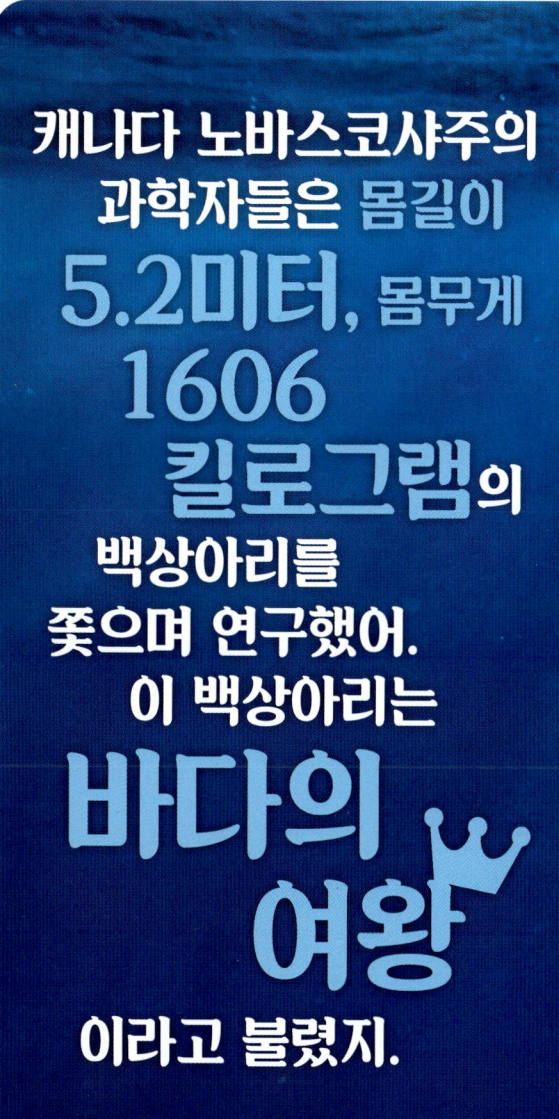

고고학자들은 일본에서 **3000년 전에 상어한테 공격당한 남성의 뼈를** 발견했어.

과학자들은 상어 **이빨** 화석의 **크기를 재서** 멸종된 상어의 **몸집을 추측해.**

고고학자: 옛날 사람들이 살았던 모습을 연구하는 탐험가.

기발하고 괴상하고 웃긴 퀴즈 타임!

❶ 상어의 피부는 아주 가늘고 부드러운 털로 덮여 있어. (힌트 5쪽)   O . X

❷ 고래상어는 사람의 지문처럼 저마다 다른 (   )가 있어. (힌트 6쪽)

❸ 상어는 보통 색깔을 구분하지 못해. (힌트 31쪽)   O . X

❹ 상어는 로렌치니라는 기관으로 (전기, 소리)를 느껴. (힌트 40쪽)

❺ 오늘날 지구에서 몸집이 가장 큰 물고기의 이름은? (힌트 48쪽)

❻ 전 세계 바다에 사는 상어는 (   )종 가까이 돼. (힌트 48쪽)

❼ 상어는 꼬리지느러미를 세워서 물살을 저어. (힌트 81쪽)   O . X

아래의 퀴즈를 풀고,
업그레이드 된 과학 지식을 확인해 보세요.

재밌는 상어 퀴즈!

❽ 청상아리의 이빨 겉면에는 (　　　　)가 있어서 이빨이 잘 썩지 않아. (힌트 87쪽)

❾ 두톱상어 새끼가 태어나기 전에 2년 동안 지내는 곳은? (힌트 91쪽)

❿ 주름상어는 배에 (　　　　)이 자글자글하게 잡혀 있어. (힌트 101쪽)

⓫ 상어의 위산은 쇠를 녹일 만큼 강력해. (힌트 105쪽)　O . X

⓬ 상어는 온몸이 물렁물렁한 (　　　　)로 이루어져 있어. (힌트 139쪽)

⓭ 상어는 소리를 내는 기관인 (　　　　)가 없어. (힌트 160쪽)

⓮ 암컷 상어는 보통 새끼를 낳을 때가 되면 입맛을 잃어. (힌트 181쪽)　O . X

찾아보기

ㄱ
가슴지느러미 147, 155, 196
가오리 21
간 8, 9, 196
갈라파고스물개 78
갈라파고스상어 45, 76
강남상어 72
개 4, 171
개불 29
거북 28
검 132, 133, 149
검목상어 12, 18, 158
게 25, 98
견장상어 12
고깔머리귀상어 17, 30, 88
고래 90
고래상어 6, 7, 29, 48, 90, 97, 109, 118, 178, 187, 195
고양이 127, 148, 173
고질라 197
곱상어 140, 162
공룡 106
귀상어 5, 13, 21, 46, 120, 155, 179
그린란드상어 19, 20, 22, 47, 87, 124, 193, 196
기름 151, 196
기생충 22, 37, 92
긴수상어 111
꼬리지느러미 80, 81, 161, 164, 165, 195

ㄴ
낙타 154
날개귀상어 155
남아프리카물개 104
나이 64, 194
냄새 77, 151
넓은주둥이상어 49, 173, 182
뇌 77
눈 13, 15, 22, 47, 67, 78, 109, 122, 127, 128, 147, 161, 171, 173
눈꺼풀 109, 148
닌자랜턴상어 110, 111

ㄷ
대서양골리앗참바리 79
대서양수염상어 67, 88, 95
대왕조개 137
독사돔발상어 18
독수리상어 147
돌묵상어 57, 64, 69, 73, 89
두톱상어 63, 91, 127, 194
드라코프리스티스 197
등지느러미 83, 86, 140, 146
따개비 77

ㄹ
라마 154
레몬상어 51, 59, 88, 144, 148, 151, 165, 167
레오파드상어 29
로렌치니 40
로봇 63, 74, 75, 198
리디아 163

ㅁ
마귀상어 15, 52
마스코트 46, 173
머리뼈 71
메갈로돈 56, 70, 86, 108, 116, 186
멸종 39, 70, 111, 133, 199
모래뱀상어 33, 41, 105
몬스터 트럭 108
문어 26, 168
물개 56
물고기 25, 48, 81, 87, 136, 142, 164
물렁뼈 151
미국악어 88
미시시피강 189
미흑점상어 119
민물 18
밀물 191

ㅂ
바다이구아나 45
바다표범 176
바스킹샤크 64
박치기 5

202

배지느러미 193
백기흉상어 26, 79, 84
백상아리 8, 9, 36, 41, 67, 70, 74, 75, 82, 91, 113, 118, 125, 129, 31, 142, 151, 153, 161, 162, 163, 172, 176, 199
뱀상어 15, 28, 33, 87, 114, 150, 195, 199
범고래 8, 36
보라성게 64, 67
보모상어 95
복상어 174
부리토 176
북극 193
분기공 171
불소 87
브루스 75, 144
블루샤크 196
비늘 5, 29, 41
비악상어 31
비타민 183
발판상어 42, 92
뼈 135, 139, 199
뿔괭이상어 64, 67, 128, 193, 196

ㅅ
산호상어 20
산호초 12, 26
상어 보호 구역 32
상어 인식 증진의 날 51
새우 25, 98
색깔 31
샘플 바이트 129
샤크 체이서 126
샤크 캠 147
샤크 타워 103
샤크카노 119
성대 160
소라 껍데기 11, 19
소리 5, 95, 160, 171, 194
쇠 105, 137
수염상어 24
수족관 87, 183
순록 19
스내글투스상어 134
스노클링 179
스쿠알리코락스 106
스테타칸투스 60
스파이호핑 152
스피너상어 190
심장 149, 195
썰물 12, 191

ㅇ
아가미 92, 168
아래턱 91
아마존강 189
아이슬란드 124
아프리카코끼리 179
악상어 130
악어 70, 72
알상자 4, 11, 61, 91
얼룩말상어 94
에데스투스 10
에트모프테루스 벤클리 31
연골 139
연어 130
열기구 180
오르타칸투스 98
용 23, 97
웨이스트 샤크 63
위 99, 149
위산 105
위장 131
위턱 18, 71, 91, 134
음파 탐지기 12
이빨 5, 10, 18, 23, 28, 32, 51, 64, 70, 79, 86, 87, 88, 96, 97, 105, 107, 109, 115, 134, 135, 137, 139, 144, 149, 158, 161, 167, 183, 199
이사벨복상어 171
익룡 106
입맛 181

ㅈ
자기장 30
자동차 15, 108, 119, 186, 192
잠수부 74, 144
잠수함 12

장어 58
장완흉상어 66, 73
전기 40, 191
전자리상어 93, 190
점무늬 6, 94, 97
죠스 31, 74, 102, 121, 141
주둥이 10, 22, 40, 88, 89, 98, 189
주름상어 51, 83, 101, 139
주머니상어 155
줄무늬 14, 94, 150
즐무늬두톱상어 14, 76, 143, 168
지느러미 12, 60, 67, 103, 191
지느러미뼈 133, 197
진환도상어 164, 165, 195

ㅊ

참치 66, 151
척추동물 19
청상아리 53, 62, 65, 87, 119, 129, 191, 192, 198
청새리상어 104, 136, 196
청소놀래기 159
청소동물 159
칠성상어 91

ㅋ

카바치 119
카이트핀상어 19
칼 111, 149

캣샤크 127
코끼리상어 89
쿠키커터샤크 18
크세나칸투스 58
클라도돈트 183

ㅌ

토볼강 142
톱가오리 98
톱상어 22, 88
틸로사우루스 156

ㅍ

파자마상어 14
파충류 135, 157
팔카투스 133
펍에더샤이상어 161
포식자 61
포트잭슨상어 11
프티코두스 137
플랑크톤 49
플레시오사우루스 135
피 91, 154
피그미리본테일캣상어 123
피그미상어 155
피부 5, 15, 19, 25, 51, 77, 101, 131, 137, 167, 178, 187, 196
피터 벤츨리 31

ㅎ

하우카르들 125
하칼 125
해군 12, 77, 126
해머헤드샤크 46
해수면 33
해초 11, 17, 25, 31, 56, 151, 165
헤미프리스티스 134
홍살귀상어 119
화산 119
화산섬 177
화석 23, 37, 41, 70, 79, 97, 107, 139, 149, 167, 199
황새치 189
황소상어 5, 27, 87, 92, 189

사진 저작권

AL = Alamy Stock Photo; AS = Adobe Stock; GI = Getty Images; SS = Shutterstock

Front Cover (UP CTR), Sean/AS; (UP RT), Doug Perrine/Nature Picture Library; (LO RT), Andy Murch/Image Quest Marine; (LO LE), EXTREME-PHOTOGRAPHER/GI; (CTR LE), Wildestanimal/AL; Spine, Wildestanimal/AL; Front Cover Flap, (UP RT), Tsado/AS; (CTR RT), Yves Lefèvre/Biosphoto; (LO LE), Franco Tempesta; Back Cover, (UP LE), bekirevren/AS; (UP CTR) Happy monkey/AS; (RT), Andy Murch/Blue Planet Archive; (LO CTR), Andy Murch/Image Quest Marine; 1 (BACKGROUND), Romolo Tavani/AS; 2-3 (BACKGROUND), Romolo Tavani/AS; 2, wildestanimal/SS; 3, Sergey Uryadnikov/Dreamstime; 4 (BACKGROUND), bayqpatterns/SS; 4 (UP LE), hanahusain/SS; 4 (dog), Kimberly Reinick/AS; 4 (hat), Aleksangel/SS; 4 (RT), Andrea Izzotti/AS; 5 (LE), Fiona Ayerst/SS; 5 (LO RT), Will Schubert/Blue Planet Archive; 6-7, Krzysztof Odziomek/Dreamstime; 6-7 (finger-prints), Andrey Kuzmin/AS; 8, Mike Price/SS; 8-9 (CTR), bekirevren/AS; 9, wildestanimal/AS; 10, Franco Tempesta; 11 (LE), Doug Perrine/Blue Planet Archive; 11 (RT), HollyHarry/AS; 12 (UP), Ethan Daniels/Blue Planet Archive; 12 (LO), muchmania/AS; 13, frantisekhojdysz/SS; 14, wildestanimal/GI; 15 (UP), Makoto Hirose/e-Photo/Blue Planet Archive; 15 (LO LE), toricheks/AS; 15 (LO RT), Dmitry Kalinovsky/SS; 16-17, Shane Gross/Nature Picture Library; 18 (UP), Jeff Milisen/Blue Planet Archive; 18 (LO), wildestanimal/AS; 19 (CTR LE), Jerome Mallefet; 19 (LO RT), Eric Isselée/AS; 19 (LO CTR), Samantha Leigh, PhD; 20 (UP), dottedyeti/AS; 20 (LO), oxyggen/AS; 21, wildestanimal/AS; 22 (UP), Sabine/AS; 22 (LO), MicroOne/SS; 23, Veronika Surovtseva/SS; 24-25, the Ocean Agency/AS; 26, David B. Fleetham/Blue Planet Archive; 26 (CTR LE), Happypictures/AS; 27, Alhovik/Dreamstime; 28, Happy monkey/AS; 29 (LE), Jelger Herder/Buiten-Beeld/AL; 29 (BACKGROUND), gepard/AS; 29 (RT), natrot/AS; 30 (LE), maryartist/SS; 30 (RT), Irina K./AS; 31 (UP LE), klyaksun/AS; 31 (shark), Yves Lefèvre/Biosphoto; 31 (LO RT), Zebra Finch/AS; 31 (LO LE), 2DAssets/SS; 32 (UP), NG Maps; 32 (LO), jonnysek/AS; 33 (UP), Michael Woodruff/SS; 34-35 (BACKGROUND), Kundra/AS; 34-35 (CTR), NG Maps; 34 (UP), Eric Isselée/AS; 34 (LO), zimagine/AS; 35 (UP), AvetPhotos/SS; 35 (LO), Rich Carey/SS; 36-37, wildestanimal/SS; 37 (LO LE), timtimphoto/AS; 37 (RT), Breck P. Kent/SS; 38, Mr. Yoshi; 39, Esteban De Armas/SS; 40, Andy Murch/Image Quest Marine; 41 (UP), yekaterinalim/AS; 41 (LO), Erin Dillon & Jorge Ceballos; 42, Mauricio Handler/GI; 43, VisionDiveAS; 46 (ball), Willard/GI; 44-45, Tomas Kotouc/SS; 46 (LO), Greg Lovett/ Palm Beach Post/ZUMAPRESS; 47, Lana/AS; 48 (UP), Adam/AS; 48 (LO RT), Annity Art/SS; 48 (LO LE), GalapagosPhoto/SS; 49, Bruce Rasner/Blue Planet Archive; 50 (BACKGROUND), augustos/ 50 (CTR), Olga Lebedeva/SS; 50 (shark), Magic world of design/SS; 51 (UP), Alex Mustard/Nature Picture Library; 51 (LO RT), Design Studio RM/AS; 51 (calendar), Jane Kelly/AS; 51 (icon), Eriska melody/AS; 52 (UP), Kelvin Aitken/VWPics/AL; 52 (LO), wildestanimal/SS; 54-55, TRIPPLAAR KRISTOFFER/SIPA/Newscom; 56 (UP), Westend61/GI; 57 (UP), estudio Maia/SS; 56-57 (LO), Joe Belanger/SS; 58, Mauricio Alvarez Abel; 59, Shane Gross/Nature Picture Library; 59 (masks), sudowoodo/AS; 60, Franco Tempesta; 61, Papilio/AL; 62 (UP), Red Monkey/SS; 63 (UP), RanMarine; 62-63 (LO), David Gruber; 64(UP), Chad King/NOAA; 64 (LO), lukaspuchrik/AS; 65, Andy Murch/Image Quest Marine; 66 (BACKGROUND), whitcomberd/AS; 66, Ken Kiefer 2/GI; 67(RT), David Monniaux/Wikimedia Commons; 67 (LE), Andrey_Kuzmin/SS; 68-69, Grant M Henderson/SS; 70 (UP), Dr. Stepnen Goafrey/Calvert Marine Museum; 70 (LO LE), Tom/AS; 70 (LO RT), mark/AS; 71, Klaus Jost/Blue Planet Archive; 72 (LE), Atlantis Paradise Island/Mega/Newscom; 72 (CTR), Jochen Tack/AL; 73 (LE), primopiano/SS; 73 (RT), Bambang TJ/SS; 74-75 (ALL), Universal Pictures/Photofest; 76 (UP), Masa Ushioda/Blue Planet Archive; 76 (LO), Pavel Talashov/SS; 77 (UP), Alessandro De Maddalena/GI; 77 (LO), Afanasia/AS; 78, Noel/AS; 78 (INSET), Fernando Astasio Avila/SS; 79 (UP), Tsado/AS; 79 (LO RT), endstern/AS; 79 (LO LE), Doug Perrine/Nature Picture Library; 80, Kovalenko I/AS; 81, Annity Art/SS; 82, Sergey Uryadnikov/SS; 83 (UP LE), Olga_i/SS; 83 (LO LE), preto_ perola/AS; 83 (RT), fotoyou/SS; 84-85, Michael Bogner/AS; 86 (UP), bergamont/SS; 86 (LO), ratpack223/AS; 86 (diver), ashva73/AS; 87 (UP), Doug Perrine/Blue Planet Archive; 87 (LO), cook-iechoo/AS; 87 (LO LE), Jessica/AS; 88-89 (UP), Makoto Kubo/e-Photo/Blue Planet Archive; 88 (LO), Eric Isselee/SS; 89 (LO), Alex Mustard/Nature Picture Library; 90, Walt Disney Studios Motion Pictures/Photofest; 91 (LE), Doug Perrine/Blue Planet Archive; 91 (UP RT), percom/SS; 91 (LO RT), SBS Eclectic Images / AL; 92 (UP), Fiona Ayerst/SS; 92 (LO), olando/AS; 93, Andy Murch/Blue Planet Archive; 94 (UP), Rich Carey/SS; 94 (bones), Titima Ongkantong/SS; 94 (LO), nerthuz/AS; 95, Artur/AS; 95 (pacifier), Farah Sadikhova/SS; 97 (LE), Brandelet/SS; 97 (RT), topvectors/AS; 98-99 (UP), MR1805/GI; 98 (LO), JIANG HONGYAN/SS; 99 (LO LE), focus_bell/AS; 99 (LO RT), liloocola/AS; 100-101, Kelvin Aitken/V&W/Image Quest Marine; 102, Dendy Harya/SS; 103 (LE), Zoonar/Galyna Andrushko/AL; 103 (RT), (Joaquín Espinoza); 104, wildestanimal/SS; 105 (UP), Daniel Hernanz Ramos/GI; 105 (LO RT), Soularlist/SS; 105 (LO LE), Supza/SS; 106, Mark Witton; 107, Mark_Kostich/SS; 108, Paulo Lopes/Zuma Wire; 109, Krzysztof Odziomek/Dreamstime; 110 (UP), Millard H. Sharp/Science Source; 110 (LO), Vicky Vasquez; 112-113, Washed Ashore; 112- 113 (trash cans), antto/AS; 114, yoshinori/AS; 115 (BACKGROUND), paketesama/AS; 115 (LE), Q77photo/AS; 115 (RT), Cindy Ord/GI; 116-117, John Whitaker; 118 (UP), Nerthuz/SS; 118 (CTR), Nomadsoul1/Dreamstime; 118 (LO), Evikka/SS; 119 (UP), Uli Jooss/culture-images GmbH/AL; 119 (LO), Alfmaler/SS; 120, Martin Strmiska/AL; 121, Universal Pictures/Photofest; 122 (UP), pro-chym/ AS; 122 (LO), Masa Ushioda/Blue Planet Archive; 122 (eyes), 2DAssets/SS; 123 (toast), Alexstar/Dreamstime; 123 (CTR), Roberto Nistri/AL; 124-125 (UP), ramoncarretero/AS; 124-125 (LO), Elmiral/SS; 126 (pill), Ayseliani/SS; 126 (INSET), Jessica/AS; 127 (LE), SergeUWPhoto/SS; 127 (water), vchalup/AS; 127 (LO), timsimages/AS; 128, Timmothy Mcdade/SS; 129, Darin Sakdatorn/ AS; 130, VladyslaV Travel photo/SS; 131, David B. Fleetham/Blue Planet Archive; 132-133, Franco Tempesta; 134, Matthew Oldfield, ScubaZoo/Science Source; 135, Alexey Vorobyov/AS; 136 (BACKGROUND), Darien Sanchez/AS; 136 (LO), prochym/AS; 137 (LE), happyvector071/AS; 137 (RT), Sabena Jane Blackbird/AL; 138, Barry Gaukel; 139 (UP), sam/AS; 139 (LO), Panda Vector/SS; 140, Andy Murch/Nature Picture Library; 141, topvectors/AS; 142 (UP), Wilyam Bradberry/SS; 142 (CTR), murphy81/AS; 143, Cheryl-Samantha Owen/Nature Picture Library; 144-145, KW MacWilliams/Caters News Agency; 146, Uryadnikov Sergey/AS; 147 (UP), artjazz/SS; 147 (INSET), Janos/AS; 148, Drew/AS; 148 (flashlights), Moises Fernandez/SS; 148 (LO), Pavel Timofeev/AS; 149 (CTR LE), I. Pilon/SS; 149 (CTR RT), Werner Forman Archive/SS; 150, le buisi baptiste/SS; 151 (LO), viktorijareut/AS; 152-153, prochym/AS; 154 (UP), Shengyong Li/SS; 154 (LO RT), zimag-ine/ AS; 154 (LO LE), Marta/AS; 155 (UP), Stephen Kajiura/Blue Planet Archive; 155 (LO LE), Anita Ponne/SS; 155 (stars), Foxyliam/SS; 156-157, Mohamad Haghani/Stocktrek Images/GI; 158 (UP), Alex Robinson/robertharding/AL; 158 (LO), Doug Perrine/AL; 159, David Fleetham/Nature Picture Library; 160, Stephen Frink/GI; 161 (LE), Jan Engel/AS; 161 (RT), Doug Perrine/Blue Planet Archive; 162 (UP), Andy Murch/Blue Planet Archive; 162 (LO), EreborMountain/SS; 163 (LE), Song_about_summer/AS; 164, Amos Nachoum/Blue Planet Archive; 165, Tom/AS; 166 (UP), Barbara Ash/SS; 166 (LO), popaukropa/AS; 167 (LE), Gerry Bishop/SS; 167 (UP RT), TextureMaster/AS; 168-169, kondratuk/AS; 170 (UP), Claudio Divizia/AS; 171 (UP), Alex Mustard/Nature Picture Library; 171 (LO), Viorel Sima/SS; 172, wildestanimal/GI; 173 (UP LE), TRAVELARIUM/AS; 173 (LO LE), Margaret/AS; 173 (UP), Don Smith/GI; 174 (UP), Doug Perrine/Blue Planet Archive; 174 (LO), Mark Conlin/Blue Planet Archive; 175 (shark), Tom/AS; 176 (LE), Jeff Gritchen/Digital First Media/Orange County Register via GI; 176 (RT), mix3r/AS; 177, Bernard Radvaner/GI; 178 (UP), FRANCOIS-XAVIER MARIT/AFP via GI; 178 (LO), Yuliia/AS; 179 (UP), Richard Graulich/The Palm Beach Post via Zuma Press; 179 (LO), Richard Peterson/SS; 178-179 (scale), gearstd/AS; 180, Efrain Padro/ AL; 181, kelttt/AS; 182, Tom Haight/Blue Planet Archive; 183 (RT), Sterberg Museum of Natural History; 184 (sharks), Tom/AS; 184 (pencil), Pan Stock/SS; 184 (bus), Joy Brown/SS; 185, Sarah J. Mock; 186, Gil Cohiba/SS; 187 (LE), Hurst Photo/SS; 188 (UP), lunamarina/SS; 188 (LO LE), NG Maps; 190 (UP LE), Ronald C. Modra/GI; 190 (UP RT), mtsaride/AS; 190 (LO), LuisMiguel/AS; 191 (LE), Kharlamova/AS; 191 (CTR), Richard Ellis/Blue Planet Archive; 191 (UP RT), D-sign Studio 10/SS; 192, Viaval Tours/SS; 193 (LE), kilroy79/AS; 193 (CTR RT), archivector/AS; 194 (UP), guardiano007/SS; 194 (LO), David Gruber; 195, Skypixel/Dreamstime; 196 (UP), Zhanna/AS; 196 (LO), Samy Kassem/SS; 197, Jessie Pruitt/Buzzsaw Studio; 198, Warner Bros./Photofest; 199 (LE), Harry Collins/AS; 199 (crown), barks/AS; 199 (UP RT), dolimac/AS; 200, Franco Tempesta; 201, Sean/AS; 205, Samy Kassem/SS; 206, zimagine/AS

지은이 **내셔널지오그래픽 키즈**

내셔널지오그래픽 협회는 1888년 설립되어 130년 넘게 우리를 둘러싼 지구를 이해하기 위한 여러 가지 프로젝트를 실행하고 있다. 내셔널지오그래픽 매거진은 매달 28개국에서 23개의 언어로 수백만 명의 독자를 만나고 있으며, 어린이 출판 브랜드인 내셔널지오그래픽 키즈는 과학, 모험, 탐험 콘텐츠를 독보적인 수준의 사진 자료와 함께 제공하고 있다.

옮긴이 **송지혜**

대학에서 분자생물학을 전공하고, 과학언론학으로 석사 학위를 받았다. 현재 어린이 지식책을 쓰고 옮기고 있다. 『상상해 봐, 공룡!』, 『매직 엘리베이터 8: 바다』 등을 쓰고, 『알기 쉬운 원소 도감』, 『똑똑한 두뇌 게임 체스 왕』, 『최강전: 공포의 작은 상어 편』 등을 옮겼다.

1판 1쇄 찍음 - 2025년 5월 13일, 1판 1쇄 펴냄 - 2025년 5월 27일
지은이 내셔널지오그래픽 키즈 **옮긴이** 송지혜 **펴낸이** 박상희 **편집장** 전지선 **편집** 임현희 **디자인** 천지연
펴낸곳 (주)비룡소 출판등록 1994. 3. 17.(제16-849호) 홈페이지 www.bir.co.kr
주소 06027 서울시 강남구 도산대로1길 62 강남출판문화센터 4층 **전화** 02)515-2000 **팩스** 02)515-2007
제품명 어린이용 반양장 도서 **제조자명** (주)비룡소 **제조국명** 대한민국 **사용연령** 3세 이상

WEIRD BUT TRUE! SHARKS
Copyright © 2023 National Geographic Partners, LLC.
Korean Edition Copyright © 2025 National Geographic Partners, LLC.
All rights reserved.
NATIONAL GEOGRAPHIC and Yellow Border Design are trademarks of the National Geographic Society, used under license.

이 책의 한국어판 저작권은 National Geographic Partners, LLC.에 있으며, (주)비룡소에서 번역하여 출간하였습니다.
저작권법에 의해 한국 내에서 보호를 받는 저작물이므로 무단 전재와 무단 복제를 금합니다.

ISBN 978-89-491-3228-0 74030 / ISBN 978-89-491-3201-3(세트)

전 세계 2000만 부 판매!
책 읽기가 재밌어지는 단계별 과학책

사이언스 리더스 시리즈

크리스틴 베어드 라티니 외 지음 | 송지혜 외 옮김 | 반양장 | 각 권 32~48쪽 | *계속 출간됩니다.

대한민국 대표 과학자 최재천 추천!

 **LEVEL 1** 부모와 함께 보는 첫 과학책
기초 과학 용어 4~5개
4세부터

 LEVEL 2 처음 혼자 읽는 과학책
과학 교과 기본 용어 6~7개
5세부터

 **LEVEL 3** 독해력을 키우는 과학책
과학 교과 용어와 개념 10개 이상
7세부터